Passives Einkommen: The Battle

Immobilien vs. Aktien

Wer gewinnt die Schlacht?

von Christian Liebspecht

Bibliografische Information der Deutschen Nationalbibliothek
Die Deutsche Nationalbibliothek verzeichnet diese Publikation in der Deutschen Nationalbibliografie; detaillierte Daten sind im Internet abrufbar über: > http://dnb.dnb.de <

Passives Einkommen: The Battle – Immobilien vs. Aktien
1. Auflage, 2019

Cover: Jana Schuhmann

ISBN-13: 9781686379697

Weitere Informationen findest Du unter
https://ogy.de/bixa

Inhaltsverzeichnis

Am Anfang steht immer die Idee

„Der sportliche Wettkampf soll nicht zum Krieg werden, sondern Spiel bleiben."
Egon Kapellari

„Es ist nicht mehr zum Aushalten! In einem Jahr bin ich weg aus diesem Saftladen, Gregor!", schwört Marco, während er sein Feierabendbier austrinkt. Er scheint erschöpft und doch redet Marco unermüdlich auf seinen besten Freund und Kollegen ein. „Wir haben doch was Besseres verdient, als für diese Schweine zu arbeiten. Wir rackern uns den Arsch ab und die Geschäftsführung lacht sich ins Fäustchen!" Er bestellt sich ein weiteres Bier und lächelt der netten Bardame zu.
Sein bester Kumpel Gregor, der sich normalerweise ruhig verhält und neben ihm am Tresen sitzt, fängt an zu grinsen. „Und ich? Glaubst du, ich will für immer in diesem Schuppen arbeiten? Ich mag dich zwar, Marco, aber meine Zukunft sieht anders aus! Nur noch für ein paar Wochen mache ich diese Sklavenarbeit mit und dann gönne ich mir ein schönes Leben."

Marco schüttelt mit dem Kopf und schaut ihn ungläubig an. „Redest du wieder von dieser Immobiliensache, von der du mir letztens erzählt hast? Du träumst doch Gregor! Da werde ich tausendmal schneller reich, indem ich in Aktien investiere."

„Blödsinn, das ist keine Träumerei, nicht wie du und deine Aktien! Du hast doch keinen Plan von der Finanzwelt. Ich habe mir das alles bestens durchdacht, eines Tages darfst du vielleicht in einer meiner hundert Wohnungen leben!“

„Gib hier jetzt nicht an, Gregor, ich werde deine nichtexistierenden Wohnungen sowieso kaum benötigen! Wenn du Glück hast, wirst du vielleicht in meinem Garten zelten dürfen, wenn ich wie DiCaprio der nächste Wolf der Mauerstraße bin.“

„Na dann los, ich habe da eine Idee. Lass uns einen Wettkampf, eine Battle starten; wer als Erster durch sein passives Einkommen den Job kündigen kann, hat gewonnen! Ab morgen geht es los!“. Marco nimmt die Herausforderung, ohne zu zögern, an. Sie trinken noch ihr letztes Bier aus und gehen nach Hause, denn morgen früh heißt es wieder: „Auf zur Arbeit!“

Leider hört die wirkliche Geschichte von Marco und Gregor hier auf, weil keiner von beiden seinen Job gekündigt hat, da sie, wie an so vielen Abenden nur am Tresen leere Worte ausgetauscht haben. Doch wer hat noch nicht einmal daran gedacht, in Aktien oder Immobilien zu investieren? Wäre es nicht interessant, wenn die beiden Freunde ihre Ideen in die Tat umsetzen würden und wir sie dabei begleiten könnten, um zu erfahren, wer das Battle gewinnen wird und wie der Gewinner es gemacht hat? Um dies herauszufinden, habe ich für Dich zwei realitätsgetreue Szenarien erstellt, bei denen wir Gregor und Marco bei Immobilien- und Aktieninvestitionen beobachten und begleiten. Na, was denkst Du, welche Einnahmequelle wird wohl am effektivsten sein? Immobilien oder Aktien?

Unsere Wünsche und wie passives Einkommen dabei hilft

„Man ist zu nichts zu dumm,
für das man sich wirklich interessiert."
Marc Aurel

Man kann Gregor und Marco doch verstehen, oder? Wir leben in einer komplexen und schnelllebigen Zeit, die ein hohes Maß an Flexibilität erfordert. Menschen in unserem Land haben jedoch Angst. Man lebt größtenteils wohlhabend und Deutschland ist generell ein wohlhabendes Land. Wovor haben die Menschen also Angst?

Größtenteils haben sie Angst davor, ihren derzeitigen Status zu verlieren. Es ist schwierig, in unserem Land „aufzusteigen", denn irgendwann sind wir am Ende unserer Möglichkeiten angelangt. Irgendwann reichen unsere Qualifikationen nicht mehr aus, irgendwann ist jede Stelle fertig bezahlt und Gehaltserhöhungen sind nicht mehr möglich. Gleichzeitig haben wir in Deutschland derzeit ein echtes Mieter-Problem. Mieten sind so hoch, wie sie vielleicht noch nie zuvor waren. Eine passende Wohnung zu finden ist dabei die nächste Angelegenheit, die von Glück geprägt ist. Hat man sich erst einmal um eine Wohnung bemüht, gibt es zumeist

eine Reihe von Mitbewerbern und Konkurrenten, die sich für die Wohnung ebenfalls interessieren. Gleichzeitig hat man aber auch seine Ansprüche an das Leben. Man möchte eventuell eine Familie ernähren, man möchte auf gesunde Ernährung achten, man möchte ein gutes und zukunftsfähiges Auto haben. Man möchte eine schicke Wohnung haben und hat eventuell auch noch das eine oder andere teure Hobby, welches man nicht aufgeben möchte.
Und selbst wenn man freiwillig auf einiges verzichtet, haben viele Menschen heutzutage das Gefühl, sie müssten wie in einem Hamsterrad arbeiten, nur um nichts zu verlieren, statt überhaupt etwas gewinnen zu können.

Umso plausibler erscheint daher der „Gregor-Marco"-Ansatz zu sein. Mieteinnahmen und Aktien-Investitionen sind zwei klassische Varianten, um sich ein passives Einkommen anzueignen. Ein passives Einkommen kann in der Realität viele Vorteile haben und dabei vor allem präventiv wirken, gegen all jene Tendenzen, die sich in unserer Gesellschaft abzeichnen. Ein gut aufgebautes und verwaltetes passives Einkommen führt nach einer Weile dazu, dass man das Geld für sich arbeiten lassen kann. Es wird dafür sorgen, dass Geld nicht mehr gegen Arbeitszeit und schließlich auch nicht gegen Lebenszeit eingetauscht werden muss.

So ineffektiv sieht unsere Lebensgestaltung nämlich aus: **Wir tauschen Lebenszeit gegen Arbeitszeit** und stehen am Ende des Monats mit unserem Bündel Scheinen da, doch haben wir nur wenig Zeit, um unser Geld überhaupt auszugeben.

Vor allem haben wir wenig, vielleicht zu wenig Zeit für unsere Familie und für die Dinge, die einem im Leben wirklich wichtig sind. In diesem Zusammenhang ist ein passives Einkommen durchaus effektiver.

Es eignet sich natürlich auch hervorragend als Sparmaßnahme neben einem laufenden aktiven Einkommen, denn wer weiß, was die Zukunft bringt? Wird man krank oder werden Freunde oder Familienmitglieder krank, ist guter Rat teuer und eine schnelle Reaktion muss her. Versicherungen für die Zukunft sind wichtig, selbst wenn wir gesund bleiben, denn letzten Endes kann schließlich immer noch der Nachwuchs von den Ersparnissen profitieren.

Die gesetzliche Rente kann jedenfalls nur bedingt als Absicherung für das Alter herhalten, denn viele Menschen haben lang und hart gearbeitet, doch was für sie als Rente unter dem Strich stehen bleibt, ist nicht selten hingegen ein Witz. Auch dieses Argument könnte also dazu führen, dass man selbst zu einem Gregor oder zu einem Marco wird und ein frustriertes Feierabendbier mit Fluchtgedanken trinkt. Ein besserer Gregor oder Marco ist man, wenn man seine Pläne dann aber auch wirklich in die Tat umsetzt. Man muss kein Experte in Immobilien-Angelegenheiten, man muss kein Aktienexperte sein, um sich ein passives Einkommen anzusparen. Das wird der folgende Vergleich auf jeden Fall zeigen und beweisen.

Die Frage stellt sich nur, wie schnell man zu einem Experten auf den jeweiligen Gebieten werden kann und welche Vor- und Nachteile sich bieten, wenn man in Aktien respektive in Immobilien investiert.

Es kann losgehen

„Ein Anfang ist kein Meisterstück,
doch guter Anfang halbes Glück."
Anastasius Grün

Durch die einleitenden Worte konntest Du also bereits einen ersten Eindruck davon erhalten, was ein passives Einkommen auszeichnet, wobei es "DAS" passive Einkommen prinzipiell nicht gibt.
Viel mehr gibt es viele verschiedene Arten, an ein passives Einkommen zu kommen, so wie es bei Mieteinnahmen und Aktien-Investitionen auch ist. Jede Art hat individuelle Vor- und Nachteile, die beachtet werden müssen. Alle Quellen haben es jedoch gemein, dass nicht aktiv gearbeitet werden muss, jedoch trotzdem ein regelmäßiger Geldfluss entsteht. Es muss einmal oder wenige Male Leistung und Arbeit investiert werden, damit letzten Endes ein Verdienst entstehen kann, der nie versiegt.

Das passive Einkommen hat manchmal das Image, für sein Geld nichts tun zu müssen. Bis es aber eines Tages eventuell soweit kommt, ist gerade am Anfang sehr viel Arbeit zu verrichten, denn auch in puncto passives Einkommen gilt: Von nichts kommt nichts.

Ist diese Arbeit erst einmal verrichtet worden, hat man gute Chancen, zeitliche und finanzielle Flexibilität zu gewinnen. Natürlich kann man auch von etwaigen steuerlichen Vorteilen profitieren, die durch passive Einkommensquellen entstehen, denn dass ein klassisches Angestelltenverhältnis in der Regel mit hohen Steuerabgaben verbunden ist, ist sicherlich keine Neuheit. Umso mehr kann es sich also lohnen und anbieten, wie Gregor und Marco zu denken.

Da die Mieten heutzutage immer höher werden und Wohnungen zum modernen Gold und zum Symbol von Wohlstand geworden sind, kann sich die Gregor-Taktik umso mehr lohnen. Denn anstatt, als Mieter von den Vorgaben des Vermieters abhängig zu sein, dreht man den Spieß in diesem Fall einfach um! Man selbst ist nun derjenige, der sich um die Mieteinnahmen kümmert und von ihnen profitieren kann. Man kann sich leicht vorstellen, welch komfortable Situation sich daraus eines Tages ergeben wird, auch wenn eine Tätigkeit als Vermieter sicherlich kein Zuckerschlecken ist.

Genauso kann man sich vorstellen, dass die Marco-Taktik seine Vorzüge hat, sofern man sich erst einmal gewisse Kenntnisse auf dem Aktienmarkt angeeignet hat. Es gibt kaum bessere Investitionsmöglichkeiten, als sie der Aktienmarkt bietet. Die Aktienwelt ist eine große und komplexe Welt, doch hat man sie erst einmal durchschaut, offenbart sie einem zahlreiche, lukrative Optionen.

Herausvorderer Gregor: Daten, Fakten und Tipps zu Immobilien

„Das Ringen um den Preis der Freiheit ist das Ziel,
das jeder Seele vorschwebt, und jeder Siegende
muß Kämpfer gewesen sein.“
Henriette von Paalzow

Jedes Immobiliengeschäft ist unterschiedlich, jeder Händler ist individuell anders und doch gibt es einige Tipps für Einsteiger, die für den Handel mit Immobilien wertvoll sein können.

Zunächst sollte man sich klar darüber werden, ob man gebrauchte und damit günstigere Immobilien kaufen möchte, oder nicht. Dann sollte man die Überlegung anstellen, welche Wünsche und Vorstellungen man in puncto Immobilien hegt. Was will ich? Was brauche ich? Das sollten die zentralen Fragen in diesem Zusammenhang sein. Im weiteren Verlauf ist es sinnvoll, einen Finanzierungsplan zu erstellen, der sich gut umsetzen lässt. Bei der Immobiliensuche sollte man sich auf jeden Fall ausreichend viel Zeit lassen. Es gilt, keinesfalls übereilte oder voreilige Entscheidungen zu treffen.

Um vernünftige Entscheidungen treffen zu können, ist es unerlässlich, sich grundlegende Immobilien-Kenntnisse anzueignen (dazu kommen wir gleich), um das Preis-Leistungs-Verhältnis einer Immobilie überhaupt richtig einschätzen zu können. Ansonsten sollte man sich um einen Experten bemühen, der einem an diesem Punkt zur Seite steht. Die Immobilie sollte auf jeden Fall eine gute Lage haben und zudem eine gute Infrastruktur aufweisen. Bei gebrauchten Immobilien sollte der Zustand des Hauses bzw. der Wohnung auf jeden Fall überprüft werden, dazu gehören Alter und Bausubstanz der Immobilie. Vor dem Kauf sollte man sich außerdem vergegenwärtigen, welche möglichen Nebenkosten bei einem Kauf in Zukunft entstehen könnten und wahrscheinlich auch werden. Sollten Renovierungen anstehen oder ein Hausbau ist geplant, dann sollten hierfür keine billigen Materialien verwendet werden. Dies würde zwar auf den ersten Blick Sinn ergeben, doch auf den zweiten Blick werden sich künftig dadurch aufgrund der Ausbesserungen nur noch mehr Ausgaben und Kosten ergeben. Als Vermieter ist es schließlich wichtig, anständige und zahlungsfähige Mieter zu finden.

Übrigens: Vor dem Kauf einer Immobilie sollte man sich außerdem vergegenwärtigen, dass jegliche relevanten Dokumente vorhanden sind und vorliegen.

Dazu zählen:

- Angebotsprospekt
- Baubeschreibung
- Lageplan

- Baugenehmigung und Baupläne
- Freiflächengestaltungsplan
- Wohn- und Nutzflächenberechnung
- Fotos der Immobilie
- Mietvertrag, falls Objekt vermietet
- Mieteinnahmen
- Grundsteuerbescheide
- Verwaltervertrag
- Erbbaurechtsvertrag, falls Erbbaurechtskauf
- Gutachten eines Sachverständigen, falls vorhanden
- Eine Liste mit eventuell zu verkaufenden Einrichtungsgegenständen
- Energieausweis, wenn möglich nach Bedarfsberechnung

Weitere Unterlagen erhält man vom Verkäufer bzw. Verwalter des Objekts, nämlich:

- Protokolle der Wohneigentümerversammlungen mindestens der letzten fünf Jahre
- Den aktuellen Wirtschaftsplan
- Die Jahresabrechnung und die Höhe der Instandhaltungsrücklage.

Folgende Dokumente müssen der Verkäufer oder der Notar besorgen:

- Grundbuchauszug
- Teilungserklärung mit Nachträgen

- Grundbuchbelastungen, die zu übernehmen sind
- Sowie Kaufvertragsentwurf.

Um als Käufer keinen zu hohen Preis zu bezahlen und um auszuschließen, dass unerwartete Mängel aufkommen, lohnt es sich oftmals, ein eigenes Gutachten eines Sachverständigen erstellen zu lassen. (Quelle: Abendzeitung-München)

Nicht nachmachen! - Typische Fehler beim Immobilienkauf

(Quelle: Abendzeitung-München, kein Anspruch auf Vollständigkeit)

„Unwissenheit ist der schlimmste Fehler."
Sprichwort aus Persien

Fehler 1: Ausdauer ist nicht nur im Sport wichtig, sondern auch im Leben. Beim Suchen der richtigen Immobilien benötigt man diese Ausdauer umso dringender. In diesem Zusammenhang gibt es eine Formel, welche besagt: 1:30
Das heißt im Klartext, man muss ungefähr 30 Objekte für sich geprüft haben, bis man das Richtige für den Kauf gefunden hat. Natürlich geht es auch schneller, aber das Erstbeste ist nun mal nicht immer wirklich das Beste. Diese Formel zeigt also, dass Geduld auf diesem Gebiet wichtig ist und sich oftmals auch auszahlt.

Fehler 2: Käufer einer Immobilie denken oft nicht an den Notfall und der sieht so aus, dass die Immobilie eines Tages vielleicht selbst bewohnt werden will beziehungsweise muss. Man sollte also so einkaufen, als würde man in die Immobilie eines Tages selbst einziehen wollen. Man weiß im Leben schließlich nie, was passiert.

Deshalb sollte man sich entsprechend vorbereiten.

Fehler 3: Der mögliche Weiterverkauf, welcher in Zukunft ansteht, wird nicht überdacht bzw. berücksichtigt. Man sollte eine Immobilie so einkaufen, als würde man sie in den nächsten drei Jahren gleich wieder verkaufen wollen, selbst wenn dies dann nicht der Fall ist bzw. sein wird. Diese Vorgehensweise wird den eigenen Blick zugleich kritischer machen.
Wie viel eine Immobilie wirklich wert ist, das erfährt man letztlich erst beim Weiterverkauf. Der Markt entwickelt sich zwar, dennoch kommt das Immobilienobjekt auch in die Jahre. Was zu teuer eingekauft wird, das bleibt in der Regel auch zu teuer. Umso wichtiger ist es, sich beim Ein- und Verkauf nicht von Emotionen (ver)leiten zu lassen.

Fehler 4: Dieser Fehler wird oft begangen, wenn es um die Größe der gewünschten Immobilie geht. Nach einer Weile bietet die Wohnung nämlich unter Umständen nicht mehr genügend Platz. Dabei sollte man immer mit einem Raum pro Person rechnen und die eigene Familienplanung bedenken, die in Zukunft anstehen könnte.

Fehler 5: Der Standort ist ein wichtiger Faktor für eine Immobilie und damit auch für den Kauf einer Immobilie. Oft wird dieser Faktor aber auch zu hoch bewertet. Die Qualität eines Objekts sollte jedoch niemals unterschätzt werden, denn sie ist nicht minder wichtiger. Eine hässliche Wohnung in guter Lage wird einem Verkäufer letzten Endes auch nichts einbringen und nutzen.

Fehler 6: Bei der Zeit der Besichtigung können Fehler begangen werden, denn um sich ein umfassendes Bild eines Mietobjekts machen zu können, müssen sowohl Uhrzeit als auch Jahreszeit berücksichtigt werden. Steht die Besichtigung beispielsweise um 18 Uhr an, hat der Nachbar, der Eigentümer eines Firmengeländes, Feierabend. Um 17 Uhr hätte es aber womöglich ganz anders ausgesehen und vor allem hätte es sich anders angehört. Sollte ein Verdacht bestehen, können Nachbarn befragt werden, um sich bei einer Immobilie sicher sein zu können.
Ansonsten sollte man auf jeden Fall bedenken, um welche Zeit die Besichtigung stattfindet und inwieweit das dem Verkäufer in die Karten spielen könnte. Ebenso wichtig ist es, ob eine Immobilie im Sommer oder im Winter besichtigt wird. Bäume fallen im Sommer beispielsweise mehr auf, weil sie Schatten werfen können und damit ganz anders in das Gewicht fallen. Dabei ist wenig Licht für eine Immobilie noch unvorteilhafter, als es bei Lärm der Fall ist.

Fehler 7: Wenn es um Immobilien geht, dann spielen infrastrukturelle Dinge eine entscheidende Rolle. Wie sieht es mit den Verkehrsverbindungen und Anbindungen aus? Wie gut lassen sich bestimmte Einrichtungen erreichen? Wie lange braucht man mit öffentlichen Verkehrsmitteln bis zum Zentrum? Wie weit ist der Weg zum nächsten Supermarkt oder zum Arzt? Befindet sich eine Grundschule in der Nähe? Solche Aspekte können durchaus eine Rolle spielen.

Fehler 8: Wenn es um den Kauf einer Immobilie geht,

dann spielt die Nachbarschaft eine wichtige Rolle, denn im eigenen Haus lebt es sich immer nur so schön, wie es die Nachbarschaft und Umgebung zulässt. Dasselbe gilt natürlich auch, wenn die gekaufte Immobilie vermietet werden soll. Daher bietet es sich an, einen Spaziergang durch die Nachbarschaft zu unternehmen, um das Gebiet besser kennenzulernen.

Fehler 9: Entscheidet man sich für den Kauf oder Bau einer Immobilie, grünt es womöglich noch vor sich hin und das Grundstück neben dem Objekt macht einen guten Eindruck. Auf jeden Fall sollte man sich aber über künftige Bauvorhaben informieren, denn ansonsten könnte es sein, dass man bitter überrascht wird, wenn plötzlich das Industriegebiet vor der eigenen Haustür aufblüht. Ein Gang in das Bauamt schafft Klarheit. Ein entsprechender Sachbearbeiter wird dann darüber Auskunft erteilen.

Fehler 10: In der heutigen Zeit sind digitale Angelegenheiten und Themen niemals zu vernachlässigen. Ob ein DSL-Anschluss am jeweiligen Standort verfügbar ist, sollte unbedingt abgeklärt werden. Denn heutzutage gibt es in Deutschland tatsächlich noch Standorte, an denen kein schnelles Internet verfügbar ist und das ist nicht nur immer in den letzten Dörfern der Fall. Eine passable Internetausstattung zählt mittlerweile zur Grundversorgung.

Fehler 11: Dünne Außenwände, kleine Zimmer, mangelhaftes Baumaterial, Wärmedämmung,

Feuchtigkeitsschutz, Schallschutz – es sind die typischen und klassischen Fallen von Immobilien, die häufig übersehen werden. Daher sollten all diese Aspekte genau überprüft und angesprochen werden, bevor es eines Tages ein böses Erwachen geben könnte. Statische Probleme, undichte Dächer, Probleme mit Giftstoffen – die Liste der Mängel ist lang und vor allem bei Altbauten kommt es immer wieder zu bösen Überraschungen.

Fehler 12: Sanierungskosten werden in den Plänen der Käufer oftmals vergessen oder nicht entsprechend berücksichtigt. Dabei müssen mindestens zehn Prozent an Sanierungskosten eingeplant werden, sofern das Haus älter als 30 Jahre ist. Finanzielle Polster einzuplanen gegen alles Unerwartete ergibt daher durchaus Sinn.

Fehler 13: In einer Teilungserklärung ist dokumentiert, welche Wohnung genau gekauft wird, welcher Keller dazu gehört, welche Garage miteinbezogen ist. Daher sollte diese Erklärung genau überprüft werden, damit man letzten Endes auch weiß, was genau zum eigenen Eigentum zählt. Gibt es nur ein kleines Detail, das nicht den eigenen Anforderungen entspricht, erfolgt bereits der lästige Gang zum Notar.

Fehler 14: Beim Immobilienkauf sollte der Grundbucheintrag überprüft werden. Ein Kauf ist ein berechtigter Grund, um diesen Eintrag zu sehen. Ob der Anbieter auch der Eigentümer ist, kann man diesem Dokument entnehmen. Liegen Schulden vor, Beeinträchtigungen zum Vorteil Dritter? Wohnrechte für bestimmte Personen? Geh- und Fahrtrechte? Diese Dinge werden im Grundbuch geregelt und sollten daher berücksichtigt werden.

Fehler 15: Ein häufiger Fehler ist es, die Verhandlungen nicht intensiv genug zu führen. Vermeintliche Festpreise sind nämlich deshalb nur vermeintlich, weil sich am Preis normalerweise immer etwas drehen lässt. Wenn nicht beim Preis, dann anderweitig. Daher muss es bei den Gesprächen nicht nur um Zahlen gehen, sondern auch um anderweitige Leistungen. Schönere Fliesen oder Böden oder ein voller Heizungstank – Verhandlungspotenzial gibt es normalerweise immer.

Strategien beim Immobilienkauf

„Planung ohne Ausführung ist meistens nutzlos – Ausführung ohne Planung ist meistens fatal."
Willy Meurer

Um im Immobilienhandel erfolgreich zu sein, bedarf es einer erfolgreichen Strategie. Dabei gibt es verschiedene und klassische Strategien, die sich in diesem Zusammenhang anbieten. In Kürze sind dies unter anderem die Folgenden:

Buy and Hold: Ist die Taktik, eine Immobilie zu kaufen und sie dann lang im eigenen Bestand zu lassen. Diese Taktik eignet sich relativ gut für Einsteiger, da nicht viele Vorkenntnisse nötig sind. Auf diese Weise lassen sich mit einer ersten Immobilie diverse Erfahrungen sammeln.
Wichtig ist es hierbei, dass die Lage des Objekts attraktiv ist, sodass man im großen Ausmaß von der Immobilie profitieren kann. Der Wert des Objekts steigert sich optimalerweise von Jahr zu Jahr, ehe sich das Objekt nach Jahren gewinnbringend verkaufen lässt. Nach zehn Jahren entfällt die Spekulationssteuer, was bedeutet, dass sich das Objekt steuerfrei verkaufen lässt.

Fix and Flip: Dabei geht es darum, eine heruntergekommene Immobilie schnellstmöglich aufzuwerten, um sie genauso schnell wieder zu

verkaufen. Die oben genannten Steuervorteile entfallen in diesem Fall natürlich, sodass der Gewinn versteuert werden muss. Werden zudem in drei Jahren mehr als fünf Objekte verkauft, wird man als gewerblicher Investor vom Finanzamt eingestuft.
Für diese Taktik kann es sich daher lohnen, eine GmbH zu gründen, sodass die Objekte über die Gesellschaft gehandelt werden.

Die 1/3/10-Strategie: Diese Strategie eignet sich eher für erfahrene Kenner der Branche und ist eine Kombination der bereits vorgestellten Taktiken. Das kann so funktionieren: In den ersten drei Jahren führt man die nötigsten Renovierungen durch und setzt diese voll von der Steuer ab. Maximal 15 Prozent des Kaufpreises können in diesem Zeitraum steuerlich geltend gemacht werden. In den kommenden Jahren kann nun mehr investiert werden, da die Ausgaben als Werbungskosten deklariert werden können. Außerdem wird der Verkaufspreis durch die Aufwertung gesteigert. Letzten Endes kann man dieses Objekt dann auch wieder steuerfrei verkaufen.

Ohne Eigenkapital investieren: Das Crowdinvesting ist eine lukrative Alternative, denn hier beteiligt man sich als Investor an der Finanzierung von Bauprojekten und profitiert von der Finanzkraft der "Crowd", sprich der investierenden Masse. Ein solches Investment ist bereits ab Beträgen von 500 Euro möglich. Anlagen lassen sich leicht auf mehrere Projekte streuen, wodurch ein Profit von 5 bis 7 Prozent pro Jahr entstehen kann.

Wie entscheidet sich Gregor?

„Argumente können Erfolg haben,
Erfolge sind Argumente."
Manfred Hinrich

Immobilien-Gregor benötigt ein relativ geringes Einkommen, um mit seinen Immobilien-Aktivitäten und Geschäften zu starten. Ganz ohne Rücklagen und finanziellen Absicherungen die Unternehmung "passives Einkommen" zu beginnen, bietet sich jedoch in den seltensten Fällen an. Nehmen wir an, Gregor hat bis zu einem Zeitpunkt X - 6.000 Euro gespart. Gregor hat nun verschiedene Möglichkeiten, um sein Geld zu investieren.

Entscheidet sich Gregor für den klassischen Fall, sucht er nach einem Mehrfamilienhaus oder aber einer Eigentumswohnung, die er kaufen und im Anschluss vermieten kann. Das passive Einkommen entsteht, indem der Vermieter, also Gregor, monatliche Einnahmen von seinen Mietern erhält. Er muss sicherstellen, dass die Mietobjekte den neusten Standards entsprechen, damit sich potenzielle Mieter für seine Wohnung entscheiden. Ist dies erst einmal geschehen, kann Gregor von den monatlichen Mieteinnahmen profitieren. Bei Mietwohnungen und vermieteten Häusern gibt es immer wieder und regelmäßig etwas zu tun, seien es Wartungen oder Reparaturen. Dennoch bleibt in der Regel, zumindest langfristig ein Plus am Ende des Monats stehen, denn in der heutigen Zeit sind Wohnungen, je nach Lage, kostspielig. Und so kann es vorkommen, dass man für eine Mietwohnung, die nur 15 m^2 groß sein mag, 400 € monatlich zahlen muss, sofern es sich beispielsweise um eine Wohnung in einer Studentengegend handelt. Denn in diesem Fall ist die Nachfrage natürlich sehr hoch.

Gregor kann zunächst aber auch einen anderen Weg einschlagen, und zwar den Weg zu seiner Bank-Filiale. Sie werden ihn beraten und dabei den Begriff des Immobilienfonds in den Mund nehmen. Als Immobilienfonds bezeichnet man einen Pool, in den mehrere Menschen ihr Geld investieren. Von diesem Pool wird dann eine Immobilie erworben. Auch in diesem Fall gibt es wieder zwei Varianten, nämlich die geschlossenen und die offenen Fonds.

Offene Fonds zeichnen sich dadurch aus, dass sie an der Börse gehandelt werden und dadurch unterscheiden sie sich schon maßgeblich von den geschlossenen Fonds. In diesem Fall würden sich Gregor und Marco also sozusagen begegnen, denn auch Immobiliengeschäfte können etwas mit dem Aktienmarkt zu tun haben, wie dieses Beispiel unter Beweis stellt. Gregor muss allerdings auf sein Geld Acht nehmen, damit seine Rendite für ihn hoch genug bleibt. Fonds haben in der Regel jedoch niedrige Renditen.

Wen dies abschreckt, für den bietet sich eine dritte Möglichkeit, wenn der Wunsch, Immobilien zu besitzen, mit dem Gang zur Bank verbunden wird. Die sogenannten ETFs sind prinzipiell ebenfalls Immobilienfonds. ETF steht im Übrigen für exchange-traded fund. ETFs werden jedoch nicht aktiv verwaltet. Sie bilden einen Index ab. Für den Investor hat dies den Vorteil, dass er immer weiß, worin er investiert, da die Zusammensetzung des Index transparent und offenkundig ist. Bei ETFs ist die Rendite grundsätzlich höher, als es bei Fonds der Fall ist.

Es gibt aber noch einen weiteren Weg, den Gregor bestreiten kann. Dieser Weg wird ihn mit REITS konfrontieren. REITS könnte man quasi als Mittelweg zwischen Immobilien und Aktien bezeichnen. REITS sind Aktien, die größtenteils in Immobilien investiert werden. Diese Immobilien-Aktien könnten für Gregor sehr attraktiv sein, weil sie ein verhältnismäßig geringes Investment erfordern.

Eine relativ neue Methode des Immobilien-Investments steht für Gregor auch noch zur Verfügung, nämlich die Methode des sogenannten Schwarm-Investments, oder Crowd-Investing, wie sich die Methode in englischer Sprache bezeichnen lässt. In diesem Fall haben sich mehrere Investoren zusammengefunden, dafür gibt es beispielsweise verschiedene und spezielle Plattformen im Internet, welche dann in größere Projekte investieren. Zuvor wurde ein Zinssatz vereinbart, den die Investoren einstreichen. Die Investoren riskieren in diesem Fall allerdings ihr Kapital, denn was mit dem Geld geschieht, darauf haben sie keinen Einfluss. Sie müssen also auf die Fähigkeiten desjenigen vertrauen, in den sie investieren. Ähnliche Formen dieser Finanzierung haben sich bereits bewährt. Dank Crowdfunding wurden mittlerweile ganze Filme finanziert, indem Fans dafür die nötigen finanziellen Mittel bereitgestellt haben.

Der Plan steht

„Wenn wir alle die Dinge täten, derer wir fähig sind,
wurden wir uns buchstäblich
in Erstaunen versetzen."
Thomas Edison

Nehmen wir an, Gregor hat sich für die klassische Form des Mietgeschäfts entschieden. Er wird eine Eigentumswohnung kaufen, um sie im Anschluss zu vermieten. Gregor möchte sich nicht auch noch in die Aktienwelt involvieren lassen und auch noch in diesem Feld Kenntnisse erwerben müssen, denn schließlich würde er Marco bei diesem Versuch gefährlich nah kommen. Schließlich möchte er sich nicht sagen lassen, dass er ohne Marcos Aktien-Variante seine Immobiliengeschäfte gar nicht hätte umsetzen können.

Gewisse Vorkenntnisse sind natürlich trotzdem erforderlich und so kämpft sich Gregor durch diverse YouTube-Videos, Bücher und Internetseiten, um sein Wissen hinsichtlich der Immobilienbranche zu intensivieren. Um zu einem Soll-Zustand zu kommen, ist es natürlich zunächst wichtig, den Ist-Zustand überblicken zu können. Gregor muss also wissen, wie es um seine derzeitige finanzielle Situation bestellt ist. Wie ist er finanziell derzeit aufgestellt? Schreibt er momentan vielleicht sogar rote Zahlen? Eine Haushaltsrechnung kann ihm dabei helfen, solche Fragen auf die Schnelle zu beantworten. Einnahmen und Ausgaben pro Monat werden dabei gegenübergestellt. Wie viel Geld spart er, wie viel Geld bleibt ihm am Ende des Monats? Subtrahiert Gregor seine Verbindlichkeiten von seinen Vermögensgegenständen, findet er zugleich heraus, wie hoch sein Nettovermögen ist.

Mit Vermögensgegenstand sind dabei materielle, aber auch immaterielle Güter mit inbegriffen. Es zählt letzten Endes alles, was bilanzierungsfähig ist. Verbindlichkeiten sind hingegen nicht nur, aber auch Schulden, die Gregor bei Gläubigern noch offen hat. So ermittelt Gregor das Vermögen, das ihm frei zur Verfügung steht.

Investiert Gregor nun zu viel, wird er nicht mehr genug übrig haben, um sich seinen Lebensunterhalt leisten zu können. Nehmen wir also an, dass Gregor 6.000 Euro frei zur Verfügung stehen, wie ich es anfangs bereits aufgeführt hatte.

Ganz ohne Bank kommt jemand, der auf die klassische Immobilien-Variante setzen möchte, nicht aus. Und so sucht Gregor das Gespräch mit seinem Bankberater. Er nimmt einen Kredit auf und erwirbt auf diese Weise eine Eigentumswohnung. Mit ihr wird er pro Jahr 5.780 Euro an Kaltmieteinnahmen generieren können. Solche Immobilienkredite haben durchaus ihre Vorteile und diese drücken sich auch in Form von relativ niedrigen Zinsen aus. Steigende Mieten ermöglichen es zudem, diese offenen Darlehen schnell und immer schneller zu tilgen.

Gregors Plan steht also. Sobald er einen Fuß in die Branche gesetzt hat und gewisse Erfahrungen sammeln konnte, ist es dann im nächsten Schritt natürlich auch möglich, in weitere Immobilien zu investieren. Dafür ist es unter anderem vonnöten, den Markt genau zu sondieren, um Immobilienobjekte mit maximalem Potenzial finden zu können. Immobilienbewertung, Immobilienspiegel, Immobilienpreise – alles muss Gregor genau bedenken und im Blick haben, wenn er sich nicht verspekulieren möchte. Know-how ist schließlich in jeder Branche unabdingbar, egal, worum es sich handelt. Gregor muss wissen, was er will. Spontane oder impulsive Entscheidungen helfen in diesem Zusammenhang natürlich nicht weiter.

Gregor muss also wissen, wie hoch sein Investitionsrisiko sein darf. Wie hoch darf der Aufwand sein, den er zu stemmen hat? Welche Rendite kann er erwarten? Wie hoch dürfen die Kosten sein, die für ihn anfallen werden? Jeder Investor hat in diesem Zusammenhang natürlich andere Möglichkeiten zur Verfügung. Pauschal lässt sich daher diesbezüglich wenig sagen. Gregor hat ein entsprechendes Suchprofil angelegt, um passende Wohnungen zu finden. Im Anschluss muss er die vorhandenen Angebote nur noch analysieren, um eine passende Entscheidung treffen zu können.

Doch wie funktioniert es im richtigen Leben?

„Leben ist endlich - lebe endlich!"
Anke Maggauer-Kirsche

Nun soll Gregor jemandem aus dem „realen Leben" entsprechen, der mit beiden Beinen im Leben steht und sich nicht 24 Stunden und sieben Tage die Woche mit Immobilien beschäftigen kann, denn da ist eine Familie, da sind Hobbys und da ist vor allem die Arbeit, die er benötigt, um finanzielle Sprünge überhaupt machen und um Kredite überhaupt aufnehmen zu können.

Daher braucht Gregor eine Weile, bis er sich ein entsprechendes Know-how angeeignet hat. Trotz ausgiebiger Recherche wird er daher auf externe Hilfe, jedenfalls anfänglich, angewiesen sein. Schließlich kommen verschiedene Hürden und Herausforderungen auf Gregor zu, die ihm unterschiedlichste Fähigkeiten abverlangen.

Steuerliche Angelegenheiten beispielsweise, weil er die Finanzierung und Mieteinnahmen entsprechend verwalten muss. Ansonsten hat Gregor die Aufgaben zu erfüllen, die auf einen Vermieter zwangsläufig zukommen werden. Als Mieter ist man stets mit den eigenen Pflichten und Rechten vertraut und konfrontiert. Was ein Vermieter hingegen leisten muss, darüber denkt man nicht immer unbedingt nach. Ein Vermieter muss in der Lage sein, seine Mietobjekte zu bestimmten Zeiten zugänglich zu machen. Sie müssen Schlüssel an Mieter aushändigen, man muss vor allem dafür sorgen, dass die Wohnungen in einem bewohnbaren Zustand bleiben. Das wird zwangsläufig zu der einen oder anderen Auseinandersetzung mit Mietern bzw. Vormietern sorgen, denn nicht immer läuft die Schlüsselübergabe zum Ende einer Mietperiode so reibungslos ab, wie man sich das gern vorstellt. In diesem Zusammenhang ist es sehr wichtig, dass der Mietvertrag makellos ist und keinen Raum für Spekulationen lässt. Auch hier sind gewisse Vorkenntnisse in puncto Mietrecht also unerlässlich. Von daher bietet sich eine Beratung von Experten an, damit keine illegalen Vertragsinhalte entstehen. Auch Grauzonen in Verträgen sollten vermieden werden, denn sie bieten regelmäßig Angriffsfläche für Mieter, die sich nicht an Vorgaben halten wollen.

Reparaturen und Wartungen werden auf einen Vermieter regelmäßig zukommen. Auch Energiebilanzen und Fragen rund um das richtige Heizen tauchen immer wieder auf. Jährlich steht zudem die Betriebskostenabrechnung an, die den Mietern vorgelegt werden muss.

Ein Vermieter muss also in gewisser Weise Manager sein und sich hinsichtlich verschiedenster Themen ausreichend informieren. Wohnungen und Immobilien zu vermieten kann also verglichen werden mit dem Führen und Verwalten eines kleinen Unternehmens. Zwar lässt sich auf diese Weise ein passives Einkommen generieren, doch das Wort „passiv" steht in diesem Fall nicht dafür, dass nichts getan werden muss. Im Gegenteil: Es muss konstant und immer wieder etwas getan werden, doch mit Routine und Erfahrung lässt sich der Aufwand nach einer Weile in einem annehmbaren Rahmen halten.

Anfänglich könnte sich Gregor insofern Hilfe suchen, als dass er bei den ersten Wohnungskäufen von einem Sachverständigen begleitet wird. So kann gewährleistet werden, dass Gregor sein Kapital nicht falsch investiert. Wohnungen, die auf den ersten Blick einwandfrei sind, können auf den zweiten Blick gefährlich sein, weil sich ungeahnte Kosten entwickeln können. Der Sachverständige hilft Gregor deshalb dabei, die Wohnungen richtig und gründlich zu analysieren.

Aus einem Spaß wird Ernst

„Wie wenig wir darüber wissen, wer wir sind!
Und noch weniger, was wir sein könnten!“
Byron

Bei seinem Theken-Gespräch mit Marco hätte Gregor wohl nicht geahnt, dass er mit seinem vorhandenen Eigenkapital eines baldigen Tages so schnell unabhängig von seinem Gehalt sein könnte. So unabhängig, dass er eines Tages seinen Job einstellen und nicht mehr zur Arbeit gehen müsste. Nach etwa fünf Jahren könnte Gregor damit rechnen, dass dies möglich wird, sofern er es bewerkstelligt hat, seine Immobilien vernünftig zu verwalten, indem er pro-aktiv handelt und nicht wartet, bis sich seine Wohnungen vor lauter Mängeln selbst auflösen. Der Denkfehler besteht oft darin, dass man glaubt, man müsse über Unmengen viel Geld verdienen, um ein passives Einkommen generieren zu können. Dies ist jedoch nicht der Fall. Viel wichtiger ist es aber, sein vorhandenes Geld sinnvoll zu investieren.

Bevor wir uns nun Marco widmen und erfahren, wie er mit seinen Aktiengeschäften klarkommt, sollte man vielleicht noch zwei Begriffe aus der Immobilienbranche erklären. Diese sollen exemplarisch aufzeigen, dass es sich bei Immobiliengeschäften um Geschäfte handelt, was verdeutlicht, dass unternehmerische Kenntnisse und

Fähigkeiten hierfür sehr wichtig sein können bzw. sehr wichtig sind. Einerseits ist es also ein Geschäft, andererseits ist es ein Unterfangen, das sich sehr schnell verändern kann. Dies manifestiert sich unter anderem durch den sogenannten Leverage-Effekt. Auf Deutsch könnte man diesen Effekt frei übersetzt als Effekt der Hebelwirkung bezeichnen.

Man nehme an, es wurde eine Immobilie zu einem Preis von 100.000 Euro gekauft. Im ersten Beispiel entspricht der Kaufpreis zugleich dem aufgewendeten Eigenkapital. Die 100.000 Euro wurden also zu 100 % aus der eigenen Tasche gezahlt, nichts wurde fremd finanziert. Ein Jahr später wird die Immobilie dann wieder verkauft und der Wert der Immobilie konnte, so wie es bestenfalls sein sollte, gesteigert werden. Der Verkaufspreis liegt bei 110.000 Euro, wodurch ein Gewinn in Höhe von 10.000 Euro erwirtschaftet werden konnte. Doch ein viel besseres Indiz, das verrät, wie gut das abgeschlossene Geschäft wirklich war, erhält man durch die sogenannte Eigenkapitalrendite. Diese Eigenkapitalrendite wird stets in Prozent angegeben. Man findet sie heraus, indem der Gewinn (in diesem Beispiel also 10.000 Euro) verhundertfacht wird. In einem zweiten Schritt wird dieses Ergebnis durch das eingesetzte Eigenkapital dividiert, welches ursprünglich aufgewendet wurde. In diesem Beispiel beträgt die Eigenkapitalrendite also 10 %.

Durch das folgende Beispiel wird hingegen klar, wie sich der Hebeleffekt auswirkt, sobald sich eine Variable, wenn auch nur vermeintlich geringfügig, verändert. Man nehme an, es wird eine weitere Immobilie für 100.000 Euro gekauft. Diesmal wird aber nur die Hälfte der Summe, also 50.000 Euro, selbst und durch eigenes Kapital finanziert. Die restlichen 50.000 Euro lässt man sich von einer Bank mittels Kredites finanzieren. Die Bank möchte für diesen Kredit Zinsen und hat diesbezüglich einen Zinssatz von 2 % vorgegeben. Wird nun die Formel zur Berechnung der Eigenkapitalrendite bemüht, müssen diese 1.000 Euro (2% von 50.000 Euro) für die Zinsen natürlich berücksichtigt werden. Der Gewinn beträgt nun 9.000 Euro, denn die Zinsen müssen vom eigentlichen Gewinn (10.000 Euro) abgezogen werden. Diese 9.000 Euro werden also laut Formel verhundertfacht, ehe das Ergebnis durch das eingesetzte Eigenkapital dividiert wird. Dieses Eigenkapital beträgt nun aber nur noch 50.000 €. Die Eigenkapitalrendite liegt daher bei 18 %. Im Vergleich zum ersten Beispiel (10 %) hat sie sich also beinahe verdoppelt.

Indem nur die Hälfte des Eigenkapitals im Vergleich zum ersten Beispiel eingesetzt wurde, war ein beinahe identischer Gewinn im Vergleich zu Beispiel 1 generiert worden. Umgangssprachlich könnte man daher feststellen: „Man hat mehr von seinem Geld". Die Kosten für die Zinsen haben den Ertrag aus der Investition nicht überschritten, was der Hauptgrund für einen positiven Leverage-Effekt war. Denn auch ein negativer Leverage-Effekt kann natürlich eintreten, würde der Zinssatz beispielsweise 11 % statt 2 % betragen. Die Zinsen betragen also 11.000 €, während der Gewinn nur bei

10.000 € liegt. Mit dem Leverage-Effekt wird also generell das Phänomen beschrieben, dass kleine Veränderungen von Variablen große Auswirkungen haben und das Resultat stark beeinflussen können. Dies soll zum Thema Immobilien erst einmal genügen. Gregor hat sicherlich Argumente auf seiner Seite, die für ihn und seine Methode sprechen. Was gibt es bei Marco zu sagen?

Gegner Marco - Aktien: Daten, Fakten, Tipps und Strategien

„Furcht ist der Gegner, der einzige Gegner."
Sunzi

Auch für den Aktienhandel gibt es verschiedene Tipps und Strategien, die hier im Einzelnen vorgestellt werden sollen. Quelle: Companisto

1. Die sogenannten Stopp-Kurse

Ein typischer Fehler, den Anfänger im Aktienhandel oft begehen, ist der Verzicht auf die sogenannten Stopp-Kurse. Für Anlage-Profis sind Stopp-Loss-Orders hingegen selbstverständlich. Anhand dieser Orders werden Kurse oberhalb oder unterhalb eines aktuellen Aktienkurses festgelegt, zu dem eine Verkaufsorder für die Aktien ausgelöst werden soll. Dadurch können erzielte Gewinne gesichert werden und Verluste werden auf diese Weise begrenzt. Die Stopps werden dabei häufig 20 % über bzw. unter dem aktuellen Kurs festgelegt, die Spanne kann jedoch auch nach unten bzw. oben angepasst werden. Wichtig ist es hierbei lediglich, die Stopp-Kurse im Auge zu behalten, denn sonst werden attraktive Wertpapiere womöglich abgestoßen.

2. Der Herdentrieb

Als Anleger wäre es fatal, jedem vermeintlich verheißungsvollen Trend hinterherzurennen. Vielmehr ist es wichtig, die Masse sachlich zu analysieren, denn sobald ein Anlagetipp einmal publik ist und beispielsweise in der Zeitung steht, ist ein Schnäppchen praktisch ausgeschlossen. Der Investor Warren Buffett sagte, angesprochen auf die Formel des Erfolges einst, man solle ängstlich sein, wenn andere gierig sind und man solle gierig sein, wenn andere ängstlich sind. Ein guter Anleger erahnt also Trends und antizipiert erfolgreiche Unternehmen, bevor es die Masse tut.

3. Gewinne mitnehmen

Immer nur zu riskieren, das wird sich zwangsläufig irgendwann nicht mehr auszahlen. Daher ist es wichtig, Gewinne auch mal mitzunehmen, wenn Aktien seit Jahresbeginn bereits um 30 Prozent oder mehr angestiegen sind. Denn in diesem Fall sind Anschlussgewinne schwierig zu realisieren. Das Risiko rausnehmen, die Gewinne mitnehmen – überdurchschnittlich hohe Kapitalmarktrenditen werden meistens von Oktober bis April erzielt. In diesem Zusammenhang gilt das Börsensprichwort: "Sell in May and go away. But remember to come back in September", also: "Verkauf's im Mai und verschwinde. Erinnere dich aber daran, im September zurückzukommen."

4. Insider

Prognosen sind in der Börsenwelt schwierig zu treffen. Sinnvoller ist es hingegen, sich an Insidern zu orientieren. Führende Manager von Aktienunternehmen, beispielsweise. Denn wenn Führungskräfte ihre Aktienoptionen ziehen oder Aktienpakete verkaufen, ist das ein wertvolles Signal und Zeichen für alle Investoren. Diese Manager kennen die Herausforderungen, Risiken und Möglichkeit ihres Unternehmens natürlich perfekt und besser als jeder andere.

5. Geo-Politik berücksichtigen

Aktienkurse fallen manchmal aufgrund unvorhersehbarer Ereignisse wie Naturkatastrophen oder Terroranschlägen, welche sich ohne Vorwarnung ankündigen. Investoren müssen geopolitische Ereignisse dennoch immer im Blick haben, um vom Ausgang nicht negativ überrascht zu werden. Wichtige Wahlergebnisse (Stichwort: Brexit), Krisen und Kriege müssen daher genau beäugt werden, denn alles hat unmittelbare Auswirkungen auf den Finanzmarkt und letztlich damit auch auf das Aktiendepot eines jeden Anlegers.

6. Investments in Unternehmen

Rohstoffe, Devisen, Derivate, Zertifikate und Optionsscheine – an der Börse wird jede Menge gehandelt. Dadurch lassen sich mitunter hohe Renditen erzielen, doch das Risiko eines Totalausfalls ist dennoch gegeben. Aktien sind hingegen keine spekulativen

Wetten, sondern reale Werte. Indizes steigen langfristig und Aktien haben sich auch in Krisenzeiten bewährt und stets durchgesetzt. Trotz zweier Weltkriege und zahlreicher Finanzkrisen konnte der Dow Jones, einer der wichtigsten Indizes, von 66 auf über 11.000 Punkte steigen.

7. Strategie wählen

All das sind Tipps und Strategien, um an der Börse erfolgreich zu sein. Dennoch gibt es nochmals gezieltere Strategien, wie sich an der Börse handeln lässt. Beispielsweise mit Value Investing, indem man auf eine kleine Anzahl unterbewerteter Aktien setzt. Das Ziel: diese Aktien so lange zu halten, bis sie ihren tatsächlichen Wert erreicht haben. Damit verfolgt man eine langfristige Strategie, die unter anderem von Warren Buffett populär gemacht wurde. Ansonsten kann man aber auch auf die Risikostreuung, sprich Diversifikation setzen. Das Portfolio wird vom Investor so zusammengestellt, dass Aktien auch in Krisenzeiten nie an Wert verlieren. Die Chancen auf Rendite sind hierbei allerdings geringer als beim Value Investing. Die Frage ist, ob man eher als sicherheitsorientierter oder risikobereiter Investor agieren möchte.

8. Die richtige Mischung beim Portfolio

Je nachdem, welcher Investoren-Typ du bist, so sieht auch dein Portfolio bestenfalls aus. Als konservativer Investor folgt man am besten den etablierten

Unternehmen, den sogenannten Blue Chips aus Westeuropa und aus den USA, denn in diesem Fall besteht zumeist ein geringeres Risiko, verglichen mit Schwellenländern wie Südafrika, Indien, China oder Brasilien. Um einen konstanten Kapitalrückfluss herzustellen, sollte man auch dividendenstarke Aktien in seinem Portfolio zur Verfügung haben. Das Renditepotenzial kann dann durch spekulative Aktien mit jungen, dynamischen Unternehmen gesteigert werden.

9. Wichtige Informationen beschaffen

Bevor man sich dafür entscheidet, in ein Unternehmen zu investieren, müssen wichtige Informationen beschafft werden. Die wichtigsten Finanzzahlen sollten überprüft werden. Das Kurs-Gewinn-Verhältnis ist in diesem Zusammenhang ein guter Indikator. So lässt sich erkennen, wie der Aktienpreis im Verhältnis zum Unternehmensgewinn aussieht. Auch die Bilanz sollte für die Beurteilung berücksichtigt werden. Konkurrenten, Marktumfeld und Wettbewerbsvorteil des ausgewählten Unternehmens – sind weitere wichtige Elemente, um zu erkennen, wie erfolgreich man mit den erworbenen Aktien sein kann. Schließlich soll die Marktposition dauerhaft attraktiv sein.

10. Durchhaltevermögen

Geduld ist eine Tugend und besonders am Aktienmarkt ist dies Gesetz. Ungeduldige Anleger haben nämlich oft das Nachsehen. Studien haben bewiesen, dass Anleger, die ihr Depot häufig umschichten, eine Rendite von durchschnittlich 3,1 % erreichen und damit deutlich unter der Markt-Rendite von 8,7 % liegen. Unerfahrene Anleger neigen zu schnell dazu, fallende Kurse zu schnell zu verkaufen. So lassen sie langfristige Perspektiven außen vor, obwohl man mit langfristigem Denken häufig besser verfährt. Zudem sinkt die Gesamt-Performance, sobald das Aktiendepot abgestoßen oder etwas hinzugefügt wird.

Finger weg! - Typische Fehler beim Aktienhandel

„Anderer Fehler sind gute Lehrer.“
Deutsches Sprichwort

1. Kredit für Aktien
Aktiengeschäfte sind kein Hokuspokus und doch schwanken sie bekanntlich mitunter stark in ihrem Wert. Der Totalverlust ist keine Seltenheit. Wer sich für einen Kredit entscheidet, um Aktienkäufe zu finanzieren, der riskiert, dass er am Ende ohne Aktien dasteht und letzten Endes auch noch einen Kredit abbezahlen muss. Kreditkosten drücken zudem die Rendite, die mit den Aktien überhaupt erreicht wurde. Liegen die Zinsen für einen Kredit bei 7 %, müssen auch die Aktien diesen Zuwachs aufweisen können, damit der Kredit überhaupt finanziert werden kann. Gewonnen wurde dann aber noch nichts.

2. Zu hohe Transaktionskosten
Aktien rentabel zu veräußern, das ist besonders dann sehr schwierig und herausfordernd, wenn die Transaktionskosten zu hoch sind. Transaktionskosten können bei zu kleinen Positionsgrößen eine große Rolle spielen und bis zu 10 % des Volumens ausmachen. Aktien müssen daher eine um bis zu 10 % höhere

Rendite verbuchen, damit Anleger Gewinne erwirtschaften können. Transaktionskosten aus diesem Grund gering zu halten, ist elementar wichtig. Wie werden Transaktionskosten zu hoch? Dafür kann es verschiedene Gründe geben: Positionsgrößen sind zu klein und das Verhältnis der Ordergebühren ist damit zu hoch. Der Online-Broker ist zu teuer, weil Anleger keinen Depot-Vergleich durchführen oder wechseln. Manchmal handeln Anleger, gerade unerfahrene Anleger zu viel und verringern ihre Rendite durch die vielen Trades.

3. Kein Stopp-Loss

Warum Stopp-Loss-Marken so wichtig sind, habe ich Dir ja bereits aufgezeigt. Mithilfe dieser Marken hat man die Chance, sich vor Verlusten zu schützen und kann die Börse, Börse sein lassen, indem man die Kurse nicht ständig beobachten und analysieren muss.

4. Emotionen

Der Aktienhandel an der Börse stellt die Anleger vor psychische Herausforderungen. Dies sollte man vorher wissen, denn ansonsten riskiert man nicht nur sein Kapital, sondern vor allem sein Wohlbefinden. Die folgenden emotionalen Faktoren und Fallen müssen dabei unter anderem beachtet werden.

Anleger entwickeln häufig emotionale Bindungen zu ihren Wertpapieren, indem sie ihre Hoffnungen zu sehr in diese Wertpapiere hineinprojizieren. Dies führt letzten Endes dazu, dass der Zeitpunkt für den Verkauf verpasst wird.

Angst: Wer sich davor fürchtet, dass Kursgewinne nicht realisiert werden können, der wird seine Aktien verkaufen, bevor sie ihren Höchststand erreichen.
Gier wird Anleger dazu bringen, zu hohe Kursgewinne zu erwarten. Auf diese Weise büßt man neutrales Einschätzungsvermögen ein. Daher ist es so wichtig, das richtige Maß aus Zurückhaltung und Risiko zu finden.
Neben Ungeduld kann zudem letztlich auch Hoffnung ungünstig wirken, indem Anleger ihre Aktien mit sinkenden Kursen zu spät verkaufen und ihre Verluste auf diese Weise vervielfachen, weil sie zu lang gehofft haben, dass sich der Kurs womöglich wieder fangen würde.

5. Keine Strategie

Sobald Emotionen ins Spiel kommen, können Anleger keine vernünftigen und rationalen Entscheidungen mehr treffen. Daher sollte man wichtige Szenarien im Vorfeld durchspielen und sich auf jedes mögliche Szenario vorbereiten. Profis haben dafür Strategien und wissen, in welche Aktie sie, mit wie viel Kapital investieren und wann sie aussteigen. Dadurch werden menschliche Fehler reduziert, die Strategie lässt sich leichter verbessern, der Anleger fühlt sich sicherer und letztlich profitiert auch die Rendite davon.

6. Dividenden vernachlässigen, keine Re-Investitionen

Zu kurzfristig denkende Anleger kalkulieren Dividenden in ihre Planungen nicht ein und achten nur auf Kursgewinne. Auf diese Weise lassen sie sich aber ertragreiche Renditen entgehen, welche zwei Prozent des Aktienwertes (pro Jahr) betragen können. Ein weiterer Fehler ist es, diese Dividenden dann nicht wieder zu investieren. Erfolgreiche Anleger sind aber unter anderem deshalb erfolgreich, weil sie ihre Gewinne immer wieder investieren. So lässt sich das Kapital langsam erhöhen. Durch die Re-Investments wird der Gewinn zinsartig immer höher. So können verschiedene Zeitpunkte für den Einstieg genutzt werden.

7. Meinungslos

Privatanleger sind den Meinungen vieler Menschen ausgesetzt. Einflüsse von außen, welche manchmal so mächtig sein können, dass man seiner eigenen Meinung nicht mehr traut oder noch schlimmer, sich selbst erst gar keine Meinung bildet.

Letztlich haben aber selbst Finanzexperten und erfahrene Analysten mit ihren Prognosen oft das Nachsehen. Deshalb ist es elementar wichtig, dass sich Anleger vor ihren Investments eine eigene Meinung schaffen und dieser vertrauen. Hat eine Aktie wirklich das erwünschte Potenzial, ist sie nicht eventuell überbewertet, ist der perfekte Einstiegszeitpunkt nicht bereits vorbei?

Geschäftszahlen müssen analysiert, Wachstumschancen des Unternehmens sollten erforscht werden. Zudem passt nicht jede Empfehlung in das eigene Portfolio, weshalb auch Geheimtipps vorher erst überprüft werden sollten.

8. Zu kurzfristig gedacht

Der Aktienhandel kann auch kurzfristig für Gewinne sorgen, doch wer sein Geld in einem mittelfristigen Zeitraum zurückhaben möchte, der sollte die Branche wechseln. Es ist nämlich ein typischer Fehler, in zu kurzen Zeiträumen zu denken, wenn es um den Aktienhandel geht. Dasselbe gilt für die Analyse der Unternehmen. Viele begehen den Fehler, Unternehmen im Rahmen der letzten Monate zu analysieren. Dabei ist es sinnvoller, die Analyse und die dadurch entstandene Meinung auf einen längeren Zeitraum zu stützen, damit die Meinung über ein Unternehmen sattelfest ist. Langfristiges Denken ist an der Börse also generell zu empfehlen.

Weitere Möglichkeiten Gregor zu schlagen

„Du versagst nicht, wenn du hinfällst,
du versagst, wenn du dich weigerst, aufzustehen."
Anon

Marco kann ebenfalls die Möglichkeit wahrnehmen, sein Kapital mithilfe der besagten ETFs zu vermehren. Eine ähnliche Möglichkeit besteht durch Forex. Forex steht für „foreign exchange market". Es handelt sich folglich um einen Devisenmarkt, sprich um einen Teilmarkt des Finanzmarktes. Devisenangebot und Devisennachfrage prallen hierbei aufeinander. Sie werden zum ausgehandelten Devisenkurs getauscht. In diesem Fall sollte etwas Kapital zur Verfügung stehen, damit sinnvoll angelegt werden kann. Natürlich muss man sich auch hier intensiv mit dem Thema beschäftigt haben oder einen Experten suchen, der hierzu hinlänglich eine Beratung anbietet.

Marco kann sich also mit dem Forex-Markt beschäftigen. Generell ist es anzumerken, dass Marco, ähnlich wie Gregor, nicht unglaublich viel Eigenkapital benötigt, um seine Geschäfte zu starten. Investitionen sind also bereits mit geringem Eigenkapital möglich. Aktien und Wertpapiere zu kaufen, ist dabei die bewährte und klassische Methode, um sein Vermögen zu vermehren. Dividenden und Optionsprämien stehen Marco hierbei zur Verfügung.

Angenommen, Marco hat keine Unsummen an Geld geerbt oder im Lotto gewinnen, so muss er einen Teil seines Gehalts oder einen Teil seiner Ersparnisse richtig einsetzen und darf daher keine Fehler begehen. Marco darf nur das Geld investieren, auf das er mittelfristig verzichten kann, so eine Faustregel, an die er sich besser halten sollte. Dieses Geld soll eine hohe Rendite erwirtschaften. Mit Rendite meint man den Gewinn, den ein angelegtes Kapital in einem bestimmten Zeitraum erzielt. Aktien kann Marco dabei über den Berater seiner Hausbank kaufen. Auch via Telefon, Mail oder Fax kann Marco diesen Schritt gehen.

Hat er sich allerdings ausreichend in die Materie eingearbeitet, stehen ihm Online natürlich auch diverse Optionen zur Verfügung. Beispielsweise über Online-Broker und Direktbanken. Dafür ist die Wertpapier-Kennnummer (WKN bzw. ISIN) vonnöten, die dem Anteilsschein entspricht. Nun benötigt Marco nur noch ein Wertpapier-Depot. Ein solches Depot lässt sich ebenfalls wieder bei der Hausbank oder bei einem Online-Broker eröffnen. In einem solchen Depot werden gekaufte Aktien, Fonds und Zertifikate aufbewahrt und verwaltet.
Das Eröffnen solcher Depots ist in manchen Fällen kostenpflichtig. Auch weitere Kosten können auf Marco zukommen. Order-Gebühren und Kosten für die Führung

des Depots, beispielsweise. Börsengebühren, die sich je nach Handelsplatz unterscheiden (Börse in Stuttgart, Börse in Frankfurt?), sind in diesem Zusammenhang ebenfalls zu nennen. Eine Depot-Bank berechnet für Orders eine Order-Provision. Da sich Marco gut informiert hat, kann er die anfallenden Kosten minimieren, indem er sich für eine Depotbank entscheidet, welche ihm fixe Orderprovisionen anbietet. Damit ist Marco nicht von Gebühren abhängig, welche sich je nach Volumen unterscheiden. Aus diesem Grund spielt es für ihn im Weiteren keine Rolle, ob die Wertpapiere 500 oder 50.000 Euro wert sind. Als Einsteiger sollte Marco mit kleinen Beträgen und Aktienkäufen beginnen und auch besser keinen Kredit aufnehmen. Der Aktienhandel ist risikoreicher als das Immobiliengeschäft, womit Gregor in diesem Punkt Vorteile hat. Beim Handel mit Wertpapieren muss Marco mit vielem rechnen: Kurse können plötzlich fallen und so werden aus 6.000 Euro nicht nur ruckartig 10.000 Euro, sondern leider auch häufig 2.000 Euro.

Lass uns mal kurz über das Thema „Risiko“ sprechen

„Das Risiko ist der Preis für die Chance.“
Prof. Querulix

In diesem Zusammenhang gilt der paradox wirkende Grundsatz, dass das Risiko, das mit einem Wertpapier verbunden ist, mit der Chance, die das Wertpapier offenbart, steigt. Heißt: Je größer die Chance eines Wertpapiers, desto höher ist auch zugleich das Risiko. Marco ist ein realistischer Zeitgenosse und so vermied er den häufigen Fehler, zu risikoreiche Aktien zu kaufen. Für den Anfang reichen Renditen im Bereich von fünf bis zehn Prozent völlig aus. Anstatt auf schnelle Renditen zu setzen empfiehlt es sich stattdessen, erfolgreich und konstant zu investieren. Nach dem Eröffnen eines Wertpapier-Depots steht Marco nun vor der wichtigen Aufgabe, sich für eine kluge Anlagestrategie zu entscheiden und dieser zu folgen. Anfänglich entscheidet er sich für eine weniger risikoreiche Strategie. Viele Aktionäre minimieren ihre Risiken auf Verlust durch das sogenannte Mittel der Diversifikation, weswegen sich auch Marco hierfür entscheidet. Diversifikation meint die Streuung des Vermögens auf verschiedene Anlageobjekte.

In der Wirtschaftslehre ist Diversifikation ein bekannter und zugleich weit verbreiteter Begriff. Im strategischen Management benutzt man den Begriff, um auszusagen, wie sich neue Geschäftsfelder erschließen lassen, indem man das Ziel verfolgt, einerseits Wachstum zu sichern, andererseits einen Risikoausgleich zu schaffen. Dieses Prinzip ist dabei nicht neuartig. Im Gegenteil: Schon vor 2000 Jahren haben die Menschen das Prinzip der Diversifikation genutzt. Die Babylonier, beispielsweise, welche ihr Vermögen zu gleichen Teilen auf Land, Geschäfte und Liquidität hielten. Das Ziel: das „unsystematische Risiko" des Portfolios zu verringern. Unsystematisch ist das Risiko dann, wenn das gesamte Geld nur in eine Aktie investiert wird. Das Risiko, einen hohen Verlust zu erzielen, ist bei vielen verschiedenen Wertpapieren demnach geringer im Vergleich zu einem Portfolio mit nur wenigen Aktien.

Folglich ist Marco versucht, Anteilsscheine mehrerer Unternehmen aus verschiedenen Branchen und Regionen bzw. Ländern zu kaufen. Auf diese Weise gleicht er mögliche Verluste mancher Aktien mit anderen Aktien aus. Grundsätzlich hat Marco dabei zwei verschiedene Sorten von Aktien vor der Nase.

Einerseits sind das die Wachstumsaktien. In diesem Fall investiert Marco in Unternehmen, welche sich in einem Wachstumsmarkt befinden. Solche Aktien können in bestimmten Fällen besonders lukrativ sein, da die Firmen ihre Gewinne häufiger steigern. Demnach erhöht sich auch der Aktienkurs dieser Wertpapiere. Neben den

Wachstumsaktien können zudem die Value-Aktien unterschieden werden. Sie sind weniger risikoreich, da sie Unternehmen entstammen, welche schon seit Jahren als Marktführer ihrer Branche aktiv sind und daher in etablierten Märkten vorherrschen. In diesem Fall sind die Gewinne vergleichsweise nicht allzu lukrativ im Vergleich zu den schon beschriebenen Wachstumsaktien, dagegen herrscht jedoch auch ein geringeres Verlustrisiko. Die Dividendenzahlungen sind höher als bei den Wachstumsaktien, was sich positiv auf die Rendite von Marcos Investment auswirken wird.

Und was ist mit den Dividenden?

„Nach zwei Dingen muss man im Leben trachten:
das zu verlangen, was man haben will, und es genießen."
Logan Pearsall Smith

Unter Dividenden versteht man, vereinfacht gesagt, Zinsen auf Aktien. Ursprünglich bezeichnet der Begriff Dividende den Teil eines Gewinnes, den eine Aktiengesellschaft an ihre Aktionäre ausschüttet. Der Gesetzgeber benutzt den Begriff der Dividende im Aktiengesetz allerdings nicht, sondern nennt es den „auszuschüttenden Betrag". Bei anderen Kapitalgesellschaften, beispielsweise bei Gesellschaften mit beschränkter Haftung (GmbH) und bei Genossenschaften gibt es Gewinnausschüttungen. Ausschüttungen von Investmentfonds werden häufig ebenfalls Dividenden genannt. Hierbei handelt es sich jedoch nicht um eine korrekte Bezeichnung, da in den Ausschüttungen auch Erträge enthalten sind, die Zinsen gleichen.

In der Praxis handelt es sich bei Dividenden-Ausschüttungen häufig nicht um zahlenmäßig große Beträge. Die Allianz, beispielsweise, zählt zu den größten Auszahlern von Dividenden in Deutschland. 2018 schüttete das Unternehmen neun Euro pro Aktie aus.

Hätte Marco demnach 6.000 Euro in Aktien der Allianz investiert, so hätte er im letzten Jahr einen Gewinn in Höhe von 250 Euro erwirtschaftet. Die Dividendenrate bemisst sich jedoch nicht am aktuellen Aktienkurs, sondern an der Geldsumme, welche für die Aktien einst bezahlt wurde. Konzerne wie die Allianz erhöhen die Dividendenauszahlungen jährlich, was eine höhere Rendite nach sich zieht. Marco investiert mit einem Startkapital von 6.000 Euro (siehe Gregor) in überschneidungsfreie Aktien, welche einmal pro Quartal ausschütten. US-amerikanische Unternehmen schütten häufig viermal jährlich eine Dividende aus, die deutschen Firmen hingegen meistens nur einmal jährlich. Die bereits beschriebenen ETFs sorgen für eine Ausschüttung von einem Mal pro Quartal, zumal die Gewinne hier geringer sind, wie es bei den Dividenden der Fall ist. Manche Experten raten hingegen aber auch zu Firmen, welche eine monatliche Dividende bezahlen. Zu nennen ist hier die Realty Income Corporation. Investiert er in die besagten Value-Aktien, sind die Dividenden möglichst solide.

Zusätzlich zu den Dividenden hat er mit Optionsprämien eine dritte Möglichkeit, um ein passives Einkommen zu generieren. Als Optionsprämie bezeichnet man den Preis, den ein Käufer einer Option für das daraus abgeleitete Recht bezahlt bzw. dass der Verkäufer der Option als Gegenleistung erhält. Die Höhe der Prämie ist dabei von verschiedenen Faktoren abhängig. Die Laufzeit der Option, der Basispreis, die erwartete Kursentwicklung des Basiswertes, sowie die Schwankungsbreite, die sogenannte Volatilität kommen als Faktoren infrage. Eine Optionsprämie muss auch dann bezahlt werden, wenn der Käufer der Option von seinem Optionsrecht keinen Gebrauch macht und die Option anschließend verfallen lässt.

Entscheidet sich Marco also für diese Option, muss er Call-Optionen auf seine vorhandenen Aktien kaufen und erhält dadurch Prämien. Call-Optionen gestatten es dem Käufer, Aktien zu einem bestimmten Zeitpunkt und zu einem bestimmten Kurs zu kaufen. Wird dieser Kurs dann tatsächlich erreicht, muss Marco die Aktien verkaufen. Wird der Kurs jedoch nicht erreicht, kann Marco sowohl Aktie als auch Prämie behalten. Mit einem gegebenen Startkapital von 6.000 Euro sind den Möglichkeiten auf dem Aktienmarkt aber Grenzen gesetzt, selbst wenn Erfolge mit realistischen Zinssätzen erzielt werden können. Aktienhandel eignet sich daher vor allem für Menschen, die zum einen risikobereit sind und den Nervenkitzel lieben. In diesem Zusammenhang ist die Gefahr einer möglichen Sucht jedoch nicht zu unterschätzen. Außerdem eignet es sich für Menschen, die das investierte Geld auf lange Sicht nicht brauchen. Als eine vernünftige Anlage für den „Menschen von nebenan" eignet sich das Aktiengeschäft allerdings nur bedingt. Denn wahrscheinlich können nur erfolgreiche Unternehmer von sich behaupten, eine Summe von mehreren tausend Euro mittelfristig einfach so entbehren zu können. Für Marco und seine 6.000 Euro ist das Aktiengeschäft allerdings eine Variante, die nicht zu empfehlen ist.

Zwischenfazit

„Wer ein Wofür im Leben hat,
der kann fast jedes Wie ertragen."
Friedrich Nietzsche

Bist Du also auch ein "Marco", und hast nur bedingt Kapital zur Verfügung und bist du nicht gerade zufällig ein erfolgreicher Unternehmer, der eine größere Geldsumme investieren kann und auch bereit ist, diese Summe zu verlieren, dann ist das Aktiengeschäft für Marco und schließlich auch für Dich nicht zu empfehlen. Dabei möchte ich nicht behaupten, dass der Aktienhandel keine Vorteile hätte. Folglich möchte ich noch mal kurz zusammenfassen, teilweise auch erweitern, warum das Aktiengeschäft durchaus Vorteile bietet. Nur eben für den- bzw. diejenigen, die es sich leisten können.

Beim Aktienhandel geht man ein spekulatives Risiko ein, was sich jedoch kalkulieren lässt. Recherchen geben durchaus Aufschluss darüber, wie beständig ein Unternehmen sein kann. Dies ist letztlich eine wichtige Komponente für den Aktienhandel. Der Aktienhandel bietet die Chance des arbeitenden Geldes, denn durch die Dividenden erhält man einen Anteil am Gewinn eines Unternehmens. Werden Aktien schließlich verkauft, können hohe Gewinne erzielt werden.

Voraussetzung: Der Kurs ist höher als der Kurs zurzeit, in der die Aktie erworben wurde. Vergleicht man das Aktiengeschäft mit einem Sparbuch oder mit den Renditen eines Bankkontos, dann wird auffallen, dass hier die höheren Erlöse, sprich höhere "Zinsen" erzielt werden können. Mit steigenden Aktien und anderen Wertpapieren sind also durchaus hohe Gewinne möglich. Langfristig hat man durch Aktien die Chance auf hohe Renditen, welche die Möglichkeiten der Sparbücher von heute bei Weitem übersteigen. Das zeigt unter anderem die Entwicklung des DAX (Deutscher Aktien-Index) in den vergangenen Jahrzehnten. Seit Januar 1992 hat sich der DAX verfünffacht, wenn man den Wert von Februar 2013 als Ausgangswert heranzieht. Dies entspricht einer Rendite von 400 % und einer durchschnittlichen Jahresrendite in Höhe von 8 %. Diese Rendite ist besonders deshalb erstaunlich, weil in diesem Zeitraum gleich zwei große Finanzkrisen ihr Unwesen trieben. Zum einen wurden die Krisen durch die "Internetblase", bekanntermaßen aber auch durch die Immobilien- bzw. Finanzkrise ausgelöst. Neben den Kurssteigerungen hat man immer die Chance auf die besagten Dividendenauszahlungen, welche jährlich zu erwarten sind.

Beim Aktienhandel ist man zudem äußerst flexibel, denn Aktien lassen sich in der Regel jederzeit während der Handelszeiten kaufen und verkaufen. Je nach Anlagetyp bietet dies folglich die Chance, kurzfristig, aber auch langfristig involviert zu bleiben. Letzten Endes ist es auch der besagte Nervenkitzel, der den Aktienhändlern

Freude bereitet. Die Entwicklungen der Aktien zu verfolgen bereitet den meisten Aktienhändlern Spaß und das macht letztlich auch einen Großteil der Leidenschaft und Faszination aus. Die Spannung kann sich natürlich auch zum Negativen entwickeln, sofern sich auch der Kurs dauerhaft negativ entwickelt. Nicht zuletzt sind der Vielfalt und den Möglichkeiten keine Grenzen gesetzt. Weltweit werden tausende Aktien aus ganz unterschiedlichen Branchen gehandelt. Die Indizes sorgen dabei für Ordnung, da sich Aktien dadurch nach Größe und Risikogehalt sortieren lassen. Genügend Vorteile also für Menschen, die sich das Aktiengeschäft leisten können und über die erforderlichen Kenntnisse verfügen.

Als Nachteile müssen die folgenden Faktoren beachtet und berücksichtigt werden: Ein Recht auf Rückgabe der Aktien verbunden mit einer Auszahlung hat man in der Regel nicht. Man ist lediglich in der Lage, die Aktien zu einem bestimmen Kurs zu verkaufen. Dieser Kurs kann natürlich niedriger sein als der Kurs, für den man sich anfänglich entschied. Schlimmstenfalls kann es bei einem Aktiengeschäft zu einem Totalverlust kommen. In diesem Fall werden Aktien vollkommen wertlos. Für das eingesetzte Investment ist dieser Fall natürlich der absolute Super-GAU. So wie steigende Aktien und Kurse als Vorteile genannt werden, so müssen fallende Aktien natürlich als mögliche Nachteile und Kehrseite der Medaille erwähnt werden. In Krisenzeiten und bei negativen, oftmals nicht vorherzusehenden Nachrichten, ergibt sich ein erhöhtes Verlustrisiko, welches im schlimmsten Fall auf 100 % ansteigt. Diesem Risiko kann durch die erklärte Diversifikation entgegengewirkt werden. Der Aktienmarkt liefert zwar in der Regel höhere Renditen, als dies bei Banken der Fall ist. Dennoch sind die Renditen aber auch hier nicht sicher, weil sie nicht konstant sind. Dies liegt an den Kursschwankungen, weshalb Sparkonten in diesem Punkt zu bevorzugen sind. Seit 2009 existiert zudem die Abgeltungssteuer, welche dafür sorgt, dass Kursgewinne zu versteuern sind. Demnach fallen 25 % zzgl. Solidaritätszuschlag und Kirchensteuer für jeden Privatanleger an. Zuvor waren Gewinne steuerfrei gewesen, sofern Aktien länger als ein Jahr gehalten wurden.

Aktien sind in der heutigen Zeit nach wie vor alternativlos. Wir leben in einer Zeit der Niedrigzinspolitik. Teilweise müssen sogar Negativzinsen gezahlt werden. Daher fällt die Rendite bei Aktien wesentlich höher aus im Vergleich zu den Sparbüchern oder im Vergleich zu klassischen Anlagen, wie beispielsweise Lebensversicherungen. Wichtig ist es in jedem Fall, nicht alles auf eine Karte zu setzen. Denn Skandale können unglaublich schnell auftauchen und die Aktienwelt überraschen. Beispiel: Leman Brothers oder die VW-Abgas-Affäre.

Setzt Gregor jetzt noch einen oben drauf?

„Der Geist ist das Limit. Sofern sich der Geist die Tatsache vorstellen kann, dass du etwas erreichen kannst, dann kannst du es auch, solange du zu 100 % daran glaubst."
Arnold Schwarzenegger

Wie Marco hat auch Gregor bei seinem Immobiliengeschäft mit verschiedenen Vor- und Nachteilen zu rechnen. Bei Immobilien handelt es sich um eine vergleichsweise sichere Kapitalanlage. Dagegenzuhalten ist die Tatsache, dass es durchaus Zeit benötigt, die passenden Immobilien für seine Geschäfte zu finden. Anleger können mit der richtigen Verwaltung von Immobilien Steuern sparen. Dies ist auch wichtig, denn durch die Instandhaltung der Immobilien werden nicht selten hohe Kosten verursacht. In puncto Rendite können Immobilien durchaus punkten, denn Renditen sind hierbei in der Regel sehr attraktiv.

Zu beachten ist allerdings, dass es sich bei Immobilien um langfristige Investitionen handelt. Deshalb ist es wichtig, einen langfristigen und langatmigen Anlagehorizont zu entwickeln. Wird dies gewährleistet, hat man es mit einer wertbeständigen Angelegenheit zu tun. Langfristig kann man bei Immobilien in der Regel mit einer Wertsteigerung rechnen. Die Mieter sind im Einzelfall natürlich ein Risiko, denn nicht jeder Mieter bewohnt die Immobilie so, wie man es als Vermieter gernhätte. Die richtige Auswahl, der freundliche Umgang und eine entsprechende und angemessene Kontrolle der Mieter ist demnach umso wichtiger. Dann kann durch die Vermietung eine passable Einnahmequelle entstehen. Folgt man dem aktuellen Trend, dann sind Immobilien rentabler, als es Aktien derzeit sind. Die aktuelle Jahresrendite bei Immobilien liegt ungefähr bei 8,7 %. Aktien liegen bei 7,8 %, die klassischen Anleihen hingegen bei 1,46, die Bankeinlagen sogar nur bei verschwindend geringen 0,3 %.

Auch die Schwankungen, die auf dem Aktienmarkt ganz normal sind, bleiben in der Immobilienbranche normalerweise aus bzw. sind nicht so gravierend und intensiv, wie es auf dem Aktienmarkt der Fall ist. Auch ein weiterer Trend spricht für Immobilien und spielt Gregor damit in die Karten: In Deutschland werden derzeit mehr Wohnungsbauten genehmigt, als es 17 Jahre lang der Fall gewesen war.

Die alles entscheidende Schlacht

„Der Mann, der vorbereitet ist,
hat die Schlacht schon halb gewonnen."
Spanisches Sprichwort

Drei Faktoren, die über Sieg oder Niederlage entscheiden

Marco und Gregor haben beide Argumente auf ihrer Seite, die ihrer Entscheidung, in Aktien bzw. in Immobilien zu investieren, recht geben. Eine pauschale Wahl zu treffen, welche Variante lukrativer bzw. besser ist, ist grundsätzlich schwierig. Denn schließlich kommt es immer darauf an, wie sich beide bei ihren jeweiligen Geschäften verhalten. Der Faktor Glück spielt hierbei natürlich auch eine Rolle und dieser lässt sich bekanntlich nicht berechnen oder vorhersagen. Wobei ich der Meinung bin, dass Glück sich auch erzwingen lässt. Einfach dadurch, dass man nicht aufgibt und am Ball bleibt. Ausdauer + Fokus bringen einem den gewünschten Erfolg.

Das Ergebnis an dieser Stelle könnte also lauten: Immobiliengeschäfte sind besser, investiert in Immobilien! Und schon verfolgt Gregor diesen Plan. Er schätzt die Situation aber womöglich falsch ein, entscheidet sich für „schlechte" Immobilien, investiert falsch und verliert sein Geld. Marco könnte hingegen sagen: Das Aktiengeschäft ist zu gefährlich, das Risiko eines Verlustes ist zu hoch! Und doch investiert Marco aus Trotz in eine Aktie, beteiligt sich am Erfolg eines Unternehmens und schafft es, sein Vermögen beachtlich zu vermehren. Solche Ausgänge und Ergebnisse sind natürlich möglich. Genau deshalb sind pauschale Urteile auch so schwierig zu fällen.

Da Marco und Gregor an dieser Stelle nicht nachgeben, sollen sie nun ihre individuellen Beispiele und Fälle unberücksichtigt lassen und sich an dieser Stelle dazu entschließen, den folgenden Text zu lesen. Es werden dort Aktien- und Immobiliengeschäft nämlich anhand von drei Kriterien unterschieden und beurteilt werden. Diese sollen Aufschluss darüber geben, welches Geschäft eben anhand der genannten Kriterien zu bevorzugen ist. Was Marco und Gregor dann daraus machen, ist ihnen überlassen, denn schließlich kann jeder tun und lassen, was er will. Jeder kann mit seiner Variante erfolgreich sein, wenn er das Quäntchen Glück hat und die Dinge richtig angeht. Die Kriterien der Unterscheidung sind: Einstieg & Aufwand, Rendite & Kosten und eigene Interessen.

Kriterium 1: Einstieg & Aufwand

Hat man bei einem Online-Broker erst einmal ein Wertpapiere-Depot eröffnet, ist es innerhalb weniger Mausklicks und innerhalb weniger Minuten möglich, beliebig viele Aktien zu erwerben. So sieht jedenfalls die Theorie aus. Denn vor dem eigentlichen Investment sind vor dem Aktienhandel einige Stunden an Arbeit zu investieren. Denn eine Kenntnis des Markts ist unerlässlich. Im Idealfall kennt man sich zudem mit dem jeweiligen Unternehmen aus, von dem man Aktien erwerben möchte. Als sorgsamer Käufer möchte man das Pferd, auf welches man setzt, schließlich kennen. Wie kann man gewissenhaft auf etwas setzen und investieren, wenn man nicht weiß, worauf man setzt? In diesem Fall bietet sich das Lottospiel genauso an.

Beim Immobiliengeschäft sieht es allerdings ähnlich aus, denn auch hier müssen ebenfalls diverse Faktoren berücksichtigt werden. Die wichtigste Komponente ist hierbei natürlich das jeweilige Anlageobjekt. Zusätzlich gibt es aber noch weitere Faktoren zu berücksichtigen, beispielsweise die Lage des Objekts, die Mieteinnahmen, sowie die künftige Wertsteigerung, zumal die beiden letztgenannten Faktoren stark vom entsprechenden Standort abhängen. Hierbei ist die Makrolage entscheidend, also die Region, Stadt bzw. der Stadtteil, folglich die unmittelbare Umgebung.

Beide Möglichkeiten verlangen somit etwas Einarbeitungszeit und doch gibt es in beiden Fällen Alternativen. Aktienliebhaber können mit weniger Aufwand in die schon geschilderten ETFs investieren, also in börsennotierte Fonds, welche die Wertentwicklung eines Indexes abbilden. Immobilien-Investoren können den Umstand des hohen Eigenkapitals und die Suche nach der perfekten Lage umgehen, indem sie sich für ein Immobilien-Crowdinvesting entscheiden. Privatpersonen können hierbei von Immobilien-Boom profitieren, indem sie gemeinsam in vielversprechende Projekte investieren.

Ergebnis: 1:1

Kriterium 2: Rendite & Kosten

Ein weiteres wichtiges Kriterium bei Anlagen ist natürlich nach wie vor die Rendite. Außerdem spielt es eine entscheidende Rolle, welche Kosten anfallen werden. Im Mittelpunkt steht dabei die zu erwartende Rendite, zumal das Wort "Erwartung" hierbei großgeschrieben werden sollte, da sich die Gewinne, das habe ich ja bereits erwähnt, niemals zuverlässig und ganz genau vorhersagen lassen. Aktien sind stark an Kursschwankungen gebunden und jeder, der auf Aktien setzt, beteiligt sich im Prinzip an einem Unternehmen. Das heißt: profitieren beim Aufschwung, leiden bei der Talfahrt. Auch beim Immobiliengeschäft gibt es einige Faktoren, die sich kaum berechnen oder durch Formeln ausdrücken lassen. Die Lage einer Immobilie, beispielsweise, denn wie sie sich künftig entwickeln wird, steht praktisch in den Sternen. Welche Standortvorteile dieser oder jener Standort in 20 Jahren bietet? Wer kann das schon mit Sicherheit vorhersagen oder behaupten? Plötzliche und unerwartete Kosten für Reparatur, Mietausfälle – für all diese Umstände müssen Kapitalrücklagen vorhanden sein.

Immobilien haben unter diesem Gesichtspunkt jedoch einen klaren Vorteil: Sie können die Immobilien-Rendite berechnen. In diesem Fall muss man grundsätzlich Einnahmen und Ausgaben gegenüberstellen, um die Rentabilität eines Objekts bestimmen zu können. Auf dem Papier ist die Rendite bei Immobilien daher höher als die Rendite bei Aktien. Dies wurde durch die präsentierten Prozentzahlen (8,7 und 7,8 %) ja bereits verdeutlicht. Die entsprechende Studie wurde im Übrigen von der Universität Bonn durchgeführt, welche in 16 Industrieländern forschte. Rentabel können jedoch beide Geschäftsmodelle sein, denn letztlich spiegeln sie auch nur die positive Entwicklung der Weltwirtschaft wider. Aufgrund der besseren Rendite, der besseren Zurechnungsfähigkeit und der Tatsache, dass sich das Immobiliengeschäft doch etwas besser kalkulieren lässt, geht der Punkt in diesem Fall an die Immobilien.

Ergebnis: 1:2

Kriterium 3: Die eigenen Vorlieben

Das letzte und wahrscheinlich auch entscheidende Kriterium repräsentiert die Individualität und die Vorlieben eines jeden Einzelnen. Es kommt letztlich auch und vor allem auf die persönliche Situation und auf die Präferenzen eines Menschen an. Wer bereits einen Fuß in die Immobilienbranche gesetzt hat, eventuell schon mögliche Optionen vor den Füßen liegen hat, der sollte bei dieser Branche bleiben bzw. sich auch dann dafür entscheiden, wenn das eigene Interesse pro Immobilien spricht und dies auch besser zur eigenen Lebenssituation passt.

Genauso verhält es sich auch mit dem Aktiengeschäft: Sind bestimmte Fähigkeiten und Kenntnisse bereits vorhanden, lohnt es sich sicherlich, diese auszubauen und auszunutzen, indem man auf dem Aktienmarkt investiert. Dies bietet sich auch dann an, wenn die eigene Arbeit Berührungspunkte mit dem Aktiengeschäft aufweist bzw. wenn zumindest wirtschaftliche Grundkenntnisse vorhanden sind. Als Mensch mit starken Nerven ist man an der Börse gut aufgehoben. Verträgt man den Nervenkitzel nicht, sollte man lieber einen Bogen um die Börse machen.

Ergebnis: 2:2 oder 2:3

Ist die Schlacht nun gewonnen oder verloren?

„Zur Hölle mit Umständen, ich erschaffe Möglichkeiten.“
Bruce Lee

Warum Aktien besser als Immobilien sind bzw. sein können:

+ Ein Aktienfond bereitet weniger Arbeit und Aufwand als eine Immobilie, die stetig verwaltet werden muss.
+ Aktien lassen sich leicht streuen (Diversifikation), daher besteht kein „Klumpenrisiko“, indem, wie bei Immobilien, alles auf „eine Karte“ gesetzt wird.
+ Mit geringen Geldbeträgen kann bereits der Einstieg in das Aktiengeschäft erfolgen. (Allerdings sind dann auch, wie bereits erwähnt, die Gewinne dementsprechend niedrig)

Warum Immobilien besser als Aktien sind bzw. sein können:

+ Immobilien schwanken weniger in ihrem Wert, als es Aktien tun und sind meistens wertbeständig.
+ Finanzierungen von Immobilien sind aktuell auch mit niedrigen Zinsen möglich.

+ Gewinne und Eigennutzung werden durch Vermietung gewährleistet.

Was meinen die Anderen? Umfrage-Ergebnisse

„Ich möchte nicht am Ende meines Lebens ankommen und feststellen, dass ich es nur in seiner Länge gelebt habe. Ich möchte es auch in seiner ganzen Breite gelebt haben.“
Diane Ackermann

Was sagen die Menschen in Deutschland zu den Geschäften mit Aktien und mit Immobilien? Diesbezüglich präsentiert das Datenportal "Statista" jede Menge interessante Umfragen, die Dir vielleicht dabei weiterhelfen, Dich besser zu orientieren. In jedem Fall ist es interessant zu sehen, wie das Ganze von der Mehrheit der Deutschen eingeschätzt wird.

Immobiliengeschäft

Eine Statistik zeigt die Ergebnisse einer Umfrage aus dem Jahr 2019. Dabei ging es um die Attraktivität Deutschlands als Standort für Immobilien-Investments. Die Einschätzungen sollten dabei im europäischen Vergleich erfolgen. Zum Zeitpunkt der Befragung waren

47 % der Befragten der Meinung, Deutschland sei im Vergleich zu anderen europäischen Ländern ein "sehr attraktiver" Standort für Immobilien-Investments. 48 % der Befragten waren immerhin der Meinung, Deutschland sei in dieser Hinsicht ein "attraktiver" Standort, während nur 5 % der Befragten für "weniger attraktiv" stimmten. Diese Statistik zeigt, dass Deutschland als Immobilien-Standort geschätzt wird und daher nicht unterschätzt werden sollte.

Eine weitere Umfrage sollte dann klären, wie der Standort Deutschland als Immobilien-Standort generell, also absolut gesehen wird. Auch ohne den europäischen Rahmen schnitt Deutschland als Immobilien-Standort gut ab: 41 % der Befragten stimmten bei dieser Umfrage für Deutschland als "sehr attraktiven" Standort, während sich 56 % für das Prädikat "attraktiv" entschieden. Nur 3 % sehen Deutschland als "weniger attraktiven" Standort für Immobilien-Investments an. Allgemein lässt sich eine generell positive Entwicklung des Anlagevolumens auf dem Immobilienmarkt in Deutschland festmachen. Seit der Finanzkrise im Jahr 2018 zeigt der Trend in diesem Zusammenhang nach oben.

Dass Wohnungen in Deutschland gefragt sind und dass sich dadurch auch durchaus Geld verdienen lässt, zeigt eine Statistik, die sich mit Wohnungs- bzw. Mietpreisen in Deutschland beschäftigt. Die ebenfalls von Statista veröffentlichte Erhebung stammt ebenfalls aus dem Jahr 2019. Es geht um Quadratmeterpreise für Eigentumswohnungen in Deutschland im Jahr 2010 im direkten Vergleich zu den Preisen im Jahr 2018. Abgebildet wurden dabei die Städte mit den höchsten Wohnungspreisen im Jahr 2018 bzw. im vierten Quartal dieses Jahres. Die Umfrage deckt Wohnungen der letzten zehn Baujahrgänge ab, die zwischen 60 und 80 Quadratmeter groß sind. Die Analyse basiert auf über zwei Millionen Inseraten und damit auf über 100 Anzeigequellen.

München ist in dieser Statistik im Jahr 2018 Spitzenreiter. Hier zahlt man für den Quadratmeter durchschnittlich 8,342 Euro. Im Jahr 2010 waren es in der bayrischen Landeshauptstadt noch 6,737 Euro pro Quadratmeter gewesen. Dies zeigt einerseits, wie schnell die Immobilienbranche wächst und wie schnell sich die Preise dementsprechend anpassen, schließlich regeln sich Angebot und Nachfrage in der Wirtschaft bekanntermaßen gegenseitig. Als Mieter könnte das für dich Probleme nach sich ziehen, wenn du in München wohnen möchtest. Als Vermieter hast du in München natürlich lukrative Möglichkeiten, zumal der Kaufpreis von Immobilien natürlich auch dementsprechend hoch ist. Mit 6,060 Euro pro Quadratmeter im Jahr 2018 befindet sich Frankfurt am Main an Platz 2 der Rangliste. Acht Jahre zuvor kosteten Wohnungen in der hessischen Metropole noch durchschnittlich 4,373 Euro pro Quadratmeter. Dicht gefolgt auf Platz 3 folgt dann schon die Landeshauptstadt von Baden-Württemberg, Stuttgart. Während hier 2010 noch 4,744 Euro pro Quadratmeter für eine Wohnung fällig wurden, waren es 2018 schon 5,925 Euro pro Quadratmeter. Zieht man die durchschnittlichen Mietpreise pro Quadratmeter für das Jahr 2018 heran, so wird die Liste mit Potsdam, Berlin, Erlangen, Regensburg, Augsburg, Ingolstadt und Freiburg fortgesetzt.

Möchte man etwas über die Rendite von Immobilienfonds erfahren, so liefert Statista auch in dieser Hinsicht Antworten. In diesem Kontext wurde nämlich eine Erhebung veröffentlicht, welche die durchschnittlichen Renditeerwartungen von Kapitalgesellschaften für offene Immobilienfonds im Jahr 2012 abdeckt. Unter offenen Immobilienfonds versteht man dabei überwiegend Investmentfonds, die ihre Gelder in Büro- und Geschäftsgrundstücken anlegen, zumal die Anzahl der ausgegebenen Anteile, im Gegensatz zu geschlossenen Immobilienfonds, nicht begrenzt ist. Die Statistik bildet keine Rendite-Werte ab, sondern lediglich Rendite-Erwartungen der Anleger. 55,6 % der befragten Kapitalanlagegesellschaften erwarteten im Jahr 2012 durchschnittlich eine Rendite von 2 % bis 3 % für die besagten offenen Immobilienfonds. Unterschiedliche prozentuale Werte in diesem Zusammenhang, seien sie höher als die beschriebenen 2 bis 3 %, aber auch niedriger, erreichten jeweils einen erwarteten Zuspruch von 11,1 %. Diese Statistiken unterstreichen bereits, was im theoretischen Teil angedeutet wurde. Die Rendite von Immobilien ist in der Regel nicht zu unterschätzen und kann es in unserer Niedrigzins-Zeit locker mit den Zahlen und Daten der Banken-Konten aufnehmen. Für Mieter ist die heutige Zeit keine leichte Zeit, wenn man einen Blick auf die

Mietpreise wirft. Umso günstiger kann es sein, seine Wohnung etwas abgelegener zu suchen bzw. den Spieß umzudrehen, indem man sich selbst in das Vermieter-Geschäft stürzt.

Aktiengeschäft

Natürlich kommt es darauf an, welche Statistiken man auswählt und welche Statistiken zur Verfügung stehen, um ein jeweiliges Thema zu repräsentieren. Die ausgewählten Umfragen sind nicht repräsentativ für das, was es insgesamt und generell zu den bestimmten Themen zu sagen bzw. zu schreiben gibt. Und dennoch spiegeln die Statistiken das wider, was im Vorlauf bereits angeklungen war. So zeigt eine Statistik von Statista aus dem Jahr 2019 die Entwicklung des DAX von Mai 2018 bis Mai 2019. Hier wird die angedeutete These bestätigt, dass der Aktienhandel eine durchaus risikoreiche Angelegenheit sein kann, denn je mehr Risiko in einem Wertpapier steckt, desto höher ist die Chance auf Gewinn, doch zugleich auch das Risiko eines Verlustes. Der DAX schloss zum Ende des Mai 2019 mit 11.726 Punkten ab. Der DAX, also der Deutsche Aktienindex, bildet die Wertentwicklung der 30 nach Marktkapitalisierung größten und umsatzstärksten deutschen Aktien ab, die im Prime Standard der Frankfurter Börse gehandelt werden. Es handelt sich um den bekanntesten deutschen Aktienindex. Der DAX kann daher als Benchmark für den deutschen Aktienmarkt angesehen werden.

Im Juli 2018 erreichte der DAX in diesem Zeitpunkt sein Hoch. Damals wurden 12.805 Punkte notiert. Im Dezember 2018, also nur fünf Monate später, lag der DAX dann "nur noch" bei 10.559 Punkten. Innerhalb eines halben Jahres verlor der DAX also mehr als 2.000 Punkte, was schon beweist und zeigt, wie sprunghaft es an der Börse zugehen kann. Das Tief in dieser Periode entwickelte sich aber wieder konstant, indem im April 2019 12.344 Punkte erreicht wurden, ehe der DAX mit den besagten 11.726 Punkten im Mai 2019 abschloss. Im Jahr 2009 wurden 500 Finanzentscheider in privaten Haushalten befragt, wie sich die Aktienmärkte in der kommenden Zeit entwickeln würden. Die Befragten hielten mindestens eine Geldanlage und waren zwischen 20 und 59 Jahre alt. 30 % der Befragten gingen davon aus, dass der Aktienkurs in den kommenden Monaten "leicht steigen" würde, während 24 % einen konstanten Kursverlauf erwarteten. 30 % gingen davon aus, dass es zu einem leichten Fall des Aktienkurses kommen würde, während sich 1 % für "stark steigen" und 7 % für "stark fallen" aussprachen. Man muss diese Umfrage in Relation zur entsprechenden Zeit der Finanzkrise setzen und doch zeigt sich, welche unterschiedlichen Erwartungen der Kursverlauf erweckt. Menschen haben ganz unterschiedliche Erwartungen an den Verlauf der Börse und das zeigt schon, wie unberechenbar und unzurechnungsfähig der Handel letztlich sein kann und ist. Die Zahl der direkten Aktionäre hält sich jedoch relativ konstant, wie eine andere Umfrage nachweisen konnte. Unter Aktionären versteht man Miteigentümer einer Aktiengesellschaft. Direkte Aktionäre sind Anleger, welche direkt in Wertpapiere investieren und keine Anteile an Aktienfonds halten. Demnach konnte man in Deutschland im Jahr 2018 (Mittelwert) rund 4,55 Millionen direkte Aktionäre verzeichnen. Die Umfrage greift die Werte vom Jahr 2018 bis zum Jahr 1996 auf. In diesem Zeitraum gab es 2008 mit 3,55 Millionen direkten Aktionären den Negativwert zu verzeichnen, was erneut an der Finanzkrise festgemacht werden kann. 1996 wurden 3,75 Millionen direkte Aktionäre verzeichnet, 2000 waren es 6,21 Millionen Aktionäre. Die Schwingungen und Schwankungen werden anhand dieser Statistiken also durchaus deutlich.

Nicht vernachlässigt werden soll jedoch die Tatsache, dass es sich beim Aktienhandel nach wie vor um eine passable Geldanlage handelt. Eine Statistik zeigte die besten Geldanlagen in Deutschland nach der im Jahr 2015 erzielten Rendite auf. Zu Jahresbeginn 2015 wurden dabei 10.000 Euro angelegt. Demnach konnte man am ersten Handelstag des Jahres 2016 ein Plus von ca. 530 Euro verbuchen, wenn man am ersten Handelstag des Vorjahres 2015 deutsche Standardaktien (DAX-Werte) kaufte. Dies entspricht einer Rendite von etwas mehr als fünf Prozent. Nach DAX-Werten (530 Euro) wurden Gold (100 Euro), Bundesobligationen (70 Euro), Sparbriefe (60 Euro), Termineinlagen bei Banken (40 Euro) und Spareinlagen (10 Euro) auf die darauffolgenden Plätze verwiesen. Letzten Endes handelt es sich bei den Aktiengeschäften also grundsätzlich um riskante und sprunghafte, weil schwierig vorherzusehende Geschäfte, die aber eine passable Rendite nach sich ziehen können.

Zu guter Letzt – Das Fazit:

„Und endlich schwieg der Kampf,
weil Kämpfer nicht mehr waren."
Pierre Corneille

Nach diesen Kriterien ist ein Immobiliengeschäft zu bevorzugen, wenn das eigene Interesse bereits pro Immobilien spricht. Ist hingegen das Interesse für das Aktiengeschäft groß, sprechen Hobbys, Arbeit, Erfahrungen pro Aktien, dann ist gegen dieses Investment nichts einzuwenden.

Die eigenen Interessen entscheiden letztlich, denn in puncto Aufwand und Rendite gibt es keine allzu gravierenden Unterschiede. In das Aktiengeschäft könnte man schneller involviert werden, dafür haben Immobiliengeschäfte in der Regel derzeit die besseren Chancen auf Rendite. Streiten sich Marco und Gregor also heute noch darüber, welche Methode nun die Beste sei, so soll ihnen eines gesagt sein. Zum einen sollte man für sich allein Immobilien oder Aktien verwalten und nicht, um anderen etwas zu beweisen. Insofern können beide gern ihren Varianten und Wegen folgen und bei entsprechendem Management werden beide erfolgreich sein. Zum anderen ist es die ursprüngliche Konkurrenz der beiden, die kritisch beäugt werden sollte. Denn letztlich spricht nichts dagegen, beide Varianten miteinander zu vereinen. Hat man ein gewisses Kapitel zur Verfügung, steht der Möglichkeit also nichts im Wege, einen Fuß in das Immobiliengewerbe zu setzen, indem ein Kredit bei der Bank aufgenommen wird. Das restliche Kapital könnte dann in ein Aktiengeschäft gesteckt werden, egal, ob es sich nun um herkömmliche Aktien, ETFs oder Dividenden handelt. So steht einer gelungenen und verhältnismäßig ertragreichen Rendite nichts im Wege.

Weiterführende Literatur

Bereich Aktien

Thomas Klußmann verschenkt für kurze Zeit sein brandneues Buch:

„Maximale Rendite – 7 goldene Anlagestrategien, die jeder Privatanleger kennen sollte“

Sicher dir jetzt heute unbedingt hier dein Exemplar, bevor alle vergriffen sind: https://www.digistore24.com/redir/166549/DocOnken

Thomas Klußmann ist Inhaber von 5 Internet-Unternehmen, Hochschuldozent, Veranstalter der Branchenevents „Contra“ und „One Idea Mastermind“ sowie Herausgeber des Tiger Awards. Über 54.500 Personen haben schon an seinen Coaching-Programmen teilgenommen. Er ist zweifelsfrei einer der absoluten Top-Experten in Deutschland!

Das Buch ist in Zusammenarbeit mit Gründercoach Christoph J. F. Schreiber entstanden! Sicher dir jetzt unbedingt heute hier dein Exemplar, bevor alle vergriffen sind: Hier erfährst du genauer, warum dich dieses Buch weiterbringt:

Das erwartet dich in diesem Buch:

1. Entscheidungshilfe: Wir zeigen dir, was die richtige Anlagestrategie ausmacht und welche Anlagestrategien für dich in Frage kommen.

2. Klarer Umsetzungsplan: Jedes Kapitel enthält konkrete Vorgehensweisen, die dir bei der Umsetzung der einzelnen Strategien helfen.

3. Hilfestellung: Wir zeigen dir genau, was es im Bereich Anlagestrategien zu beachten gibt.

4. Sofort Anwendbar: Jedes Kapitel enthält erfolgserprobte Strategien von erfahrenen Finanzexperten.

5. Konzentriertes Know How: Wir haben die Inhalte extrem verdichtet und auf das Wesentliche reduziert, damit du keine Zeit verschwendest.

P.S.: Du möchtest auch eines Tages deine optimale Anlagestrategie verfolgen? Dann ist dieser Finanzen-Ratgeber genau das Richtige für dich. Dieses Buch richtet sich an diejenigen, die auch in Zeiten negativer Zinsen ihr Vermögen vermehren möchten. Sicher dir heute dein Exemplar, solange es noch welche gibt!

https://www.digistore24.com/redir/166549/DocOnken/

Bereich Immobilien

DAS SYSTEM IMMOBILIE

Das Buch, mit dem Thomas Knedel den Tiger-Award gewann!

Von Thomas Knedel, Immobilieninvestor, -manager, Buchautor sowie Initiator und Betreiber des Netzwerkes Immopreneur.de.

DAS SYSTEM IMMOBILIE ist das erste Buch, das alle wichtigen Themen hinsichtlich Immobilien-Investments vereint:

- das Know-How
- die Erfahrung und
- die Praxis von 20 weiteren Immobilien-Investoren, wie z.B.:
    - Gerald Hörhan (Investmentpunk)
    - Andreas Sell (der reichste Hausmeister Deutschlands)
    - Diana Herein (auch spät anfangen lohnt sich)
    - Stephan Steup (Cashflow-Junkie)
    - Pauls Misar (Entrepreneur und Investor seit 25 Jahren)
    - Waldemar Merkel (Junginvestor)

Wie Sie mit Immobilien Renditen von 25%, 50% und mehr erzielen, erklären Ihnen 20 Immobilien-Investoren in Thomas Knedel's Buch „Das System Immobilie", mit dem er den Tiger Award gewann!

- Sie erfahren von den Profis unter anderem
- Wie sie ein passives Einkommen mit Immobilien erzielen
- Wie sie neue Standorte für ihre Immobilien-Investments finden und analysieren
- Mit welchen Methoden Sie absolut seriös Renditen von 25%, 50% und mehr erzielen
- Wie sie schnell Eigenkapital aufbauen
- Wie sie sogar ganz ohne den Einsatz von eigenem Kapital Immobilien kaufen
- Wie Sie durch Investments in bestimmte Immobilien-Nischen höhere Einnahmen erzielen können

Bereich Persönlichkeitsentwicklung

Marc Galal, einer der besten Verkaufs- und Erfolgstrainer Europas und Experte für Persönlichkeitsentwicklung, hat ein neues Buch auf den Markt gebracht.

Von 0 zur ersten Million

- Wie Du mehr Geld verdienst und weniger arbeitest!
- Die Million auf dem Konto - ein unerreichbarer Traum für mich.
- Was machen Millionäre anders als ich?
-Warum bin ich nicht so erfolgreich, wie ich gerne wäre?
- Was muss ich tun, um mehr Geld zu verdienen und meinen Traum von der Million endlich wahrzumachen?

Die Antwort ist leicht: Du musst einfach handeln! Ok, ich gebe zu, das klingt jetzt einfacher als gesagt. Doch zum Glück bist Du nicht allein. Das neue Erfolgsbuch "Von 0 zur ersten Million" von Marc Galal hilft Dir dabei, Deinen persönlichen Traum zu verwirklichen. Sichere Dir jetzt diese fantastische Geschichte und tauche ein in eine Welt voller Reichtum!

Marc Galal schenkt Dir die Geheimnisse des Erfolges unter folgendem Link:
https://www.digistore24.com/redir/240876/DocOnken

Du erhältst dieses Buch als Geschenk und brauchst nur die Versand- und Logistikkosten von 4,99 € (egal wo Du wohnst) zu übernehmen.

Was Du aus diesem Buch mitnehmen kannst...

- Über 350 Seuten geballtes Wissen verpackt in eine wunderschöne und geistreiche Geschichte mit einer sympathischen Hauptfigur
- Eine Schritt-für-Schritt-Anleitung, mit der Du weniger arbeitest und mehr verdienst
- Praxisnahe Taktiken und Erfolgsformeln, die Dich auf das nächste Level bringen und Dir den effektivsten Weg zu Deinem Erfolg zeigen
- Und noch vieles mehr...also zögere nicht. Sichere Dir jetzt Dein Exemplar und starte den Weg zu Deiner ersten Million.

Für wen wurde dieses Buch geschrieben?

- Dieses Buch wurde für all diejenigen geschrieben, die endlich aus ihrem Hamsterrad aussteigen und das Leben leben möchten, das sie verdient haben.
- Für all diejenigen, die wirklich reich werden möchten, doch bisher noch nicht wussten, wie sie es anpacken sollen.
- Für alle, die bisher voller Selbstzweifel ihr Potenziel versteckt haben und jetzt endlich die Mauern ihrer Angst einreißen und aus ihrem Kopf-Gefängnis ausbrechen möchten.
- Dieses Buch wurde für Dich geschrieben.

Dieses Buch über Erfolg ist anders, als alle anderen Bücher, die Du jemals gelesen hast, denn...

- ...es ist KEIN schnödes Sachbuch, bei dem Du schon nach 3 Seiten einschläfst.
- ...es ist KEINE endlose Aneinanderreihung von To-Do-Listen und halbgaren Erfolgstipps.
- ...es ist KEIN Fachchinesisch-Buch, bei dem selbst der Autor nicht versteht, was er da schreibt.

https://www.digistore24.com/redir/240876/DocOnken

Wer ist Marc Galal?

Marc Galal ist einer der besten Erfolgstrainer Europas und zudem Experte für Persönlichkeitsentwicklung und Verkaufspsychologie. Er ist lizenzierter Trainer der Society of NLP (USA) und hatte das Privileg, von NLP-Altmeister Richard Bandler persönlich ausgebildet worden zu sein.

Seine Seminare besuchen jährlich mehrere Tausend Menschen - und das nun seit mehr als 18 Jahren. Marc Galal ist Verfasser von tausenden Fachartikeln und mehreren erfolgreichen Büchern.

Bereits 1,9 Millionen Zuhörer, Leser und Fans kennen seine Erfolgsstrategie und es werden täglich mehr. Zahlreiche Unternehmen wie Toyota, Nike, Bang & Olufsen und Renault setzen bereits seit Jahren auf sein Wissen.
Marc Galal wurde ausgezeichnet als Top Speaker, FOCUS Top Coach, Trainer des Jahres und er ist zudem unter den Top 100 der Erfolgstrainer. Er ist ausgebildeter NLP-Therapeut, Hypnose-Therapeut und wurde ebenfalls in der provokativen Therapie ausgebildet.

Durch seine umfangreiche Ausbildung entwicklete er die nls®-Strategie, die große Erfolge in allen Bereichen des Lebens ermöglicht. Die Marc Galal GmbH ist zudem ISO-zertifiziert.

Doch Marc Galal war nicht immer so erfolgreich. Er weiß, wie es ist, ganz unten zu sein. Wenn man kein Licht mehr am Ende des Tunnels sieht. Er weiß, wie es ist, vollkommen pleite zu sein und kein Geld mehr zu haben. Doch er weiß auch, wie man aus diesem Loch wieder herauskommt. Dieses Erfolgswissen gibt er in seinen Seminaren, Büchern und Hörbüchern weiter. Er möchte, dass Du Ja sagst zu Deinem Leben. Du sollst den Mut bekommen, das Leben zu leben, das Du Dir schon immer gewünscht hast. Sein persönliches Ziel ist es, 5 Millionen Menschen dabei zu helfen, erfolgreiche Designer ihres eigenen Lebens zu werden.

Und mit diesem Buch möchte er auch Dir diese Chance geben.

Impressum

1. Auflage

Kontakt: Marko Eickholt/ Heimannstr. 45/ 46240 Bottrop
Coverfoto: depositphotos.com
Covergestaltung: Jana Schuhmann

Haftungsausschluss

Der Inhalt dieses Buches wurde mit großer Sorgfalt geprüft und erstellt. Für die Vollständigkeit, Richtigkeit und Aktualität der Inhalte kann jedoch keine Garantie übernommen werden. Der Inhalt dieses Buches repräsentiert die persönliche Erfahrung und Meinung des Autors und dient nur der Unterhaltung. Der Inhalt sollte nicht mit medizinischer Hilfe verwechselt werden. Es wird keine juristische Verantwortung oder Haftung für Schäden übernommen, die durch kontraproduktive Ausübung oder Fehler des Lesers entstehen. Es kann keine Garantie für den Erfolg übernommen werden. Der Autor übernimmt daher keine Verantwortung für das Nicht-Erreichen der im Buch beschriebenen Ziele. Dieses Buch enthält Links zu anderen Webseiten. Auf den Inhalt dieser Seiten haben wir keinen Einfluss. Deshalb kann auf diesen Inhalt auch keine Gewähr übernommen werden. Die verlinkten Seiten wurden zum Zeitpunkt der Verlinkung auf mögliche Rechtsverstöße überprüft. Für die Inhalte der verlinkten ist aber der jeweilige Anbieter oder Betreiber der Seiten verantwortlich. Rechtswidrige Inhalte konnten zum Zeitpunkt der Verlinkung nicht festgestellt werden.

46867978R00056

Printed in Poland
by Amazon Fulfillment
Poland Sp. z o.o., Wrocław